MANDURIA

365 jours avec
JÉSUS,
Roi de la Révélation,
et MARIE,
Vierge de l'Eucharistie

EDITIONS DU PARVIS
CH-1648 HAUTEVILLE / SUISSE

Editions du Parvis
CH-1648 Hauteville / Suisse

INTERNET www.parvis.ch
E-mail: book@parvis.ch

Imprimé en Suisse

ISBN 2-88022-155-2

Offre-toi comme l'Agneau qui se fait immoler…

«Que la lumière soit!» Chaque jour, Dieu donne son soleil pour que nos yeux s'émerveillent de sa lumière. Chaque jour, il donne la nourriture aux petits des oiseaux qui ne sèment ni ne moissonnent. *«Tous attendent de toi que tu leur donnes la pâture en son temps; tu la leur donnes; ils la recueillent; tu ouvres la main, ils sont comblés de biens»* (Ps 104, 27-28). Mais pour nous, les hommes, Dieu a prévu d'autres nourritures: *«L'homme ne vit pas seulement de pain, mais de toute parole qui sort de la bouche de Dieu»* (Mt 4,4). Aussi, chaque jour il répand sa parole de vie; chaque jour, il cherche à nous éveiller à sa lumière. Pour le pratiquant, c'est la proclamation de la Parole dans la liturgie; pour certains, la lecture de la Bible conjuguée aux événements de notre vie. Pour tous les hommes, ce sont les rappels actuels que constituent les messages prophétiques.

Le semeur sortit pour semer…

Car Dieu parle beaucoup aujourd'hui. Il part lui-même à la recherche de ses brebis qui ont quitté le bercail et de celles toujours plus nombreuses qui ne savent même pas qu'elles sont aimées d'un amour éternel. De même que l'œuvre de la création est toujours actuelle, la Parole de Dieu est actuelle, et d'une manière spéciale, à travers ses messages prophétiques: «Le semeur sortit pour semer…»

Oui, aujourd'hui plus que jamais, le Semeur sort pour semer dans le cœur des hommes une parole de vie. Combien de révélations aujourd'hui dans le monde! Si l'Esprit les multiplie, c'est qu'il espère finir par se faire entendre. Ce qui n'est pas évident! En effet, la semence tombe sur divers terrains:

Sur le bord du chemin, la bonne nouvelle disparaît dans le flot des informations et autres bruits du monde. L'annonce d'une apparition ne prend aucun relief pour la personne qui n'a pas trouvé le chemin du salut. Elle n'a même pas été entendue.

Sur les pierres, la bonne nouvelle tombe dans le règne de la curiosité, l'oreille entend, mais le cœur est endurci; il ne comprend pas l'importance de cette parole, il n'a pas le temps ou il doute de son authenticité… et la vie continue comme avant.

Dans les ronces, la bonne nouvelle a été reçue, on prend la peine de lire, et même d'aller voir et entendre, et le cœur est touché, il se réjouit. Mais au fil des jours, l'application paraît trop astreignante. Face à toutes les sollicitations que la société présente, il y manque les vertus de force et de persévérance. La bonne volonté ne suit pas et le cœur n'y est plus.

Dans la bonne terre, la bonne nouvelle est accueillie en profondeur, le cœur ouvert cherche à faire plaisir à Jésus pour l'aimer davantage. Le message est reçu avec amour, il est médité, assimilé, intériorisé. On s'arrête sur une parole de vie et on essaie immédiatement de la mettre en pratique. Comme un labour profond, l'attention qu'on lui a portée, le temps qu'on lui a donné, lui a permis d'enfoncer ses racines. Elle s'imprime dans le cœur pour toute la journée, elle porte du fruit, passant de l'intériorisation à la réalisation. La sève continuera de monter avec la ferveur renouvelée…

365 jours dans la bonne terre pour produire du fruit

Tout l'intérêt de ce livre est de faciliter l'ensemencement dans la bonne terre, Marie, pour donner de bons fruits, spécialement des fruits de réparation.

Ce livre est un instrument qui peut nous permettre de faire «une course de géants», comme disait Thérèse de Lisieux! Il nous met immédiatement dans la prière, puisque c'est Jésus ou Marie qui nous parle. Souvent, dans la prière, c'est nous qui parlons, qui prions, qui louons, qui demandons, qui intercédons… Bien souvent on «oublie» de faire silence, d'écouter, d'accueillir l'amour du Seigneur et la parole de Vie éternelle qu'il voudrait nous confier. Ici, par la foi, le contact est immédiat. Jésus ou Marie sont là qui me parlent. Ils me donnent un message personnel: une invitation, un conseil, une recommandation. Ici, je m'arrête et dans l'union des cœurs un élément ressort et me touche; c'est celui que l'Esprit-Saint me recommande. Si je le reçois, je l'inscris dans la mémoire du cœur. Puis, au cours de la journée, toujours dans cette union des cœurs, j'essaie la recette, je la mets en pratique.

Prenons en exemple ce message bref: *«Fille, regarde les horizons et tu verras que ta route n'est pas celle du monde mais une autre.»* Dans des circonstances particulières, cette parole peut m'aider à réviser un choix ou une orientation qui n'est pas juste. Au sens le plus général, le Seigneur invite mon âme à être attentive aux petits choix que je vais être amené à faire au cours de la journée. Milles sollicitations futiles vont m'attirer et tenter de me séduire. Cela me rappelle une parole de Jésus: *«Entrez par la porte étroite: large en effet est la porte et spacieux le chemin qui conduit à la perdition, et il y en a beaucoup qui y passent. Mais étroite est la porte et resserré le chemin qui mène à la Vie, et il en est peu qui le trouvent»* (Mt 7,14). Je vais donc «veiller» à ne pas me laisser prendre en étant irréfléchi ou imprudent. Je vais exercer mon jugement et discerner où est mon véritable bien, où est ce qui va me faire grandir dans l'amour, la charité fraternelle, la paix… et où est ce qui va faire plaisir à Jésus. Alors s'ouvre un chemin de lumière. Le soir il est bon de reprendre le message de vie qui, fort de l'expérience vécue, aura pris une coloration particulière. Il s'inscrira davantage dans mon âme et me conduira progressivement à une véritable conversion.

Au fils des jours, on retrouvera bien sûr les thèmes fondamentaux que la Vierge Marie ne cesse de nous rappeler partout, les fondations nécessaires à l'édification première du chrétien: la prière, spécialement le Rosaire, le jeûne et la pénitence, la lecture de la Parole de Dieu, la confession et la réconciliation avec le prochain, l'Eucharistie. N'est-ce pas ce «petit lait» dont parle l'apôtre: *«C'est du lait que je vous ai donné à boire, non une nourriture solide; vous ne pouviez encore la supporter»* (1 Co 3,2).

Beaucoup des choisis de Marie ont appris par les messages de leur Maman à recevoir ces dons du Ciel pour édifier leur «homme intérieur». Beaucoup ont répondu à sa demande de consécration à son Cœur Immaculé. Attention de pas s'endormir! Attention de ne pas refuser de grandir en gardant uniquement ce régime! Le Seigneur a prévu pour chacun une alimentation plus substantielle, car il espère que nous porterons du fruit en abondance.

S'offrir comme l'Agneau immolé

A la méditation de ces messages, vous découvrirez que c'est maintenant l'heure de prendre une nourriture solide: *«J'ai une nourriture que vous ne connaissez pas... Ma nourriture est de faire la volonté de Celui qui m'a envoyé et de mener son œuvre à bonne fin»* (Jn 4, 32-34). En effet, les autres nourritures, et spécialement la Parole de Dieu (Mt 4,4) et l'Eucharistie (Jn 6,51) sont ordonnées à l'accomplissement de la volonté de Dieu, ultime nourriture, celle qui permet de faire avancer la venue du Règne de Dieu sur la terre et d'accomplir son œuvre. C'est le passage entre recevoir l'Eucharistie et devenir Eucharistie. «Chrétien, deviens ce que tu es», disait saint Augustin.

Les messages donnés à Manduria peuvent beaucoup y aider. Interrogée sur la spécificité de la révélation de Manduria, Debora répond immédiatement: la réparation et le martyre. On retrouvera donc ces thèmes au fil des jours. A certains, ils pourraient paraître durs: Jésus et Marie invitent à aller plus loin, au cœur du mystère chrétien, en donnant une réponse active de foi qui peut conduire jusqu'au don suprême si le Père le demande! Pour la pluspart, le martyre attendu est celui, héroïque et caché, de la fidélité à la volonté du Père au jour le jour. C'est là une véritable réparation: «Offre-toi comme l'Agneau qui se fait immoler sur l'autel», n'est-ce pas là notre vocation baptismale sacerdotale, réalisable dans l'accomplissement du devoir d'état? «Deviens comme tant de saints l'image du Crucifié vivant...» Nous sommes bien là au cœur de l'Evangile: porter sa croix et marcher à la suite de Jésus! Et pour cela il faut connaître l'Amour sans lequel rien ne se fait et rien ne vaut: «Si tu connaissais l'amour de Jésus pour toi, et aussi le mien (Marie) tu voudrais commencer de suite.»

Alors, cher lecteur, bonne route dans l'amour des Cœurs de Jésus et de Marie sur le chemin de la sainteté!

Christian Parmantier

Janvier

1er janvier

Marie: Offre-toi comme l'Agneau qui se fait immoler sur l'autel. Deviens, comme tant de saints, l'image du Crucifié vivant. Offre-toi comme modèle pour le monde. Sois un modèle d'amour, d'humilité, de fraternité, de charité et de souffrance continuelle, d'offrande à Dieu dans la pauvreté et, surtout, sois l'irradiation de l'offrande continuelle pour ton frère. Dieu, dans sa volonté, te laisse libre d'accepter ce projet ou de le refuser, mais, si tu connaissais son Amour pour toi et aussi le mien, tu voudrais commencer à cet instant même.

2 janvier

Marie: Ma petite, âme de mon âme, le Seigneur veut se complaire en toi. Suis ses exemples, ainsi que mes bons conseils de Mère et, à travers toi, nous pourrons apporter encore une fois des paroles de Vie éternelle. A chacun le Seigneur confie une mission, et la tienne, très bientôt, tu la verras clairement.

3 janvier

Jésus: Fille, regarde les horizons et tu verras que ta route n'est pas celle-là (celle du monde) mais une autre.

4 janvier

Jésus: Fille, chemine conformément à ma Parole et je te conduirai peu à peu là où est le Père juste.

5 janvier

Marie: Si tu marches avec Moi, la route ne te sera pas difficile. Marche, marche, je serai avec toi.

6 janvier

Jésus: Cesse de t'interroger: Abandonne-toi à Moi. Choisis la vraie Vie qui est Jésus-Christ!

7 janvier

Jésus: Qui crois-tu que je sois? Je suis ta paix, ton sûr chemin! Je suis Jésus ton Maître, le Bon Pasteur. Je désire être en toi!

8 janvier

Jésus: Viens à Moi, ma fille, verse tes larmes sur mes genoux et lave de tes larmes mes pieds. Maintenant tu es comme moi sur la Croix. Vois comme le fardeau est lourd! Je l'ai porté pour vous tous! Moi, ma fille, je fais cadeau à cette terre de nombreuses petites histoires de victimes d'Amour, pour que les cadavres retournent à la Vie et que les vivants deviennent incandescents d'amour pour Moi. Ne veux-tu pas aider ainsi ton Maître qui s'est fait lui aussi «le dernier et la victime pour le monde», pour être un avec lui?

9 janvier

Marie: Aimez la T. S. Trinité, avant que d'autres divinités n'entrent dans votre cœur. Que soit louée la vie qui engendre la Vie: Jésus!»

10 janvier

Jésus: Je suis venu pour les malades, et non pour les bien-portants. Ta misère me plaît et ta faiblesse spirituelle me permet de te modeler avec facilité. Et puis j'emploie les faibles et les impotents pour plier les forts et les puissants!

11 janvier

Marie: Ma fille, ne t'attriste pas. Je sais tout. La souffrance ennoblit l'âme.

12 janvier

Jésus: Sache, ma fille, que ce n'est pas pour tes mérites que je t'accorde tant de grâces, mais justement à cause de ta misère. Ma petite, c'est justement ta misère et ta faiblesse qui me plaisent et spécialement ce rien qui constitue ton être.

13 janvier

Marie: Ma petite, je désire que tu te purifies dans la souffrance et que tes larmes soient l'eau qui lave tes péchés. N'oublie pas: ton Epoux t'attend. Ne le déçois pas. Je t'aime à l'infini et quand ton âme sera totalement liée à Jésus, le soleil ne se couchera jamais plus pour toi. Loue la Lumière éternelle, Jésus-Christ.

14 janvier

Marie: Béni soit le soleil et Celui qui l'a créé pour que la vie se reproduise à travers la lumière. Ma petite, tu es triste pour ce qui arrive, mais tu sais déjà que tu devras souffrir pour le Nom de Dieu. N'oublie pas que dans la Bible il est écrit: «Bienheureux les persécutés pour le Nom de Dieu!» Avec cet enseignement, va et sanctifie-toi.

15 janvier

Marie: Je te révèle un grand secret pour entrer dans la paix de Dieu: la charité. Souviens-toi, ma fille: aime, aime, aime à l'infini ton prochain et pardonne, pardonne, pardonne! Tout cela consiste en renoncements et souffrances.

16 janvier

Marie: Souviens-toi: toutes les fois que tu feras quelque chose pour ton frère, cela te servira ainsi qu'à ton frère. Ma parole enflamme votre cœur, mais le péché est l'eau qui l'éteint. C'est Dieu qui donne par moi la bénédiction du Père tout-puissant: Père, Fils et Saint-Esprit, avec l'Epouse qui est dans la Trinité. Avec cela, ma fille, va et raffermis ton cœur. Je t'assisterai toujours. Quand tu seras en difficulté, réfugie-toi dans mon Cœur Immaculé.

17 janvier

Jésus: Ma fille, je suis ton Jésus, veux-tu m'aimer et te rassasier de mon Corps, afin que tu sois en moi complètement. Me veux-tu? Me désires-tu?

18 janvier

Jésus: Je ferai de toi un exemple. Ecoute-Moi! Tu es le récipient et Moi le «Précieux Contenu». Quand le récipient est vide de tout contenu, c'est facile de le remplir. Je désire que ma Sagesse soit le contenu de ton âme. Veux-tu me recevoir? Réponds-Moi!

19 janvier

Jésus: La nature humaine sait reconnaître son Dieu. Au contraire, la rationalité de l'homme crée une barrière entre lui et Dieu et il la construit si haute que souvent l'homme reste sans Dieu. Fais en sorte que ton esprit marche avec rectitude. Qu'il se garde intact en toutes circonstances, même s'il doit souvent cheminer parmi les corrupteurs, les corrompus et des hommes de mauvaise foi en tout genre. Je suis toujours en toi. Aie confiance et aime-Moi comme tu es. Je te nourrirai, afin que ton âme soit remplie de ma Sagesse et surtout je te donnerai la paix pour inspirer la paix.

20 janvier

Jésus: Avoir divisé mon Eglise signifie avoir divisé mon Corps. C'est un peu comme imaginer le Père sans le Fils et l'Esprit-Saint sans le Père. Si les hommes réussissaient à saisir l'importance de cette comparaison, ils comprendraient qu'ils sont tous frères, réunis sous le regard de Dieu et, tels de bons frères, ne devraient pas se diviser ni s'affronter les uns les autres, poursuivant chacun leur propre chemin…

21 janvier

Jésus: Lave-toi dans mon «Sang purificateur». Désaltère-toi et rassasie-toi, en tirant les bienfaits de ma Divinité. Tu ne dois pas craindre que le malin puisse se jouer de toi… N'as-tu jamais entendu dire qu'un pasteur, voyant sa brebis menacée par le loup, court la libérer, si elle l'appelle à l'aide? Voilà, Moi, je suis le Bon Pasteur. Réjouis-toi, parce que, un temps, le mal était en toi, mais aujourd'hui, c'est le nouveau printemps.

22 janvier

Marie: Chère fille, aujourd'hui je veux renouveler mon invitation à la prière, à la conversion et à l'amour. Je vous demande prière, prière et prière. Ce n'est que par la prière que les tribulations diminueront. C'est seulement par la prière que vous trouverez le salut des âmes et qu'en ce monde vous trouverez la paix et la consolation. Moi, votre Mère, je vous veux tous sauvés!

23 janvier

Jésus: Je désire vous réunir en un seul troupeau, celui de mon Cœur et celui de ma T. S. Mère Myriam. Que votre vie, désormais, soit davantage fidèle aux commandements du Seigneur, et que chacune de vos paroles soit méditée avant d'être prononcée, car de votre bouche ne doit sortir aucune médisance.

24 janvier

Jésus: La Trinité doit être la même pour tous, comme mon Sang et mon Corps doivent être les aliments de tous les peuples. Surtout, mon Eglise doit être une. Oui, un seul troupeau! Une seule volonté à suivre sur la terre, la Volonté divine.

25 janvier

Marie: Chers enfants, priez avec moi pour que se dissipe l'anathème de la division dans l'Eglise de mon Fils. Je suis la Reine de l'Unité des chrétiens et je vous prépare pour le grand jour où toutes les choses changeront de visage. Priez pour que l'Eglise soit une, comme je le suis avec mon Fils.

26 janvier

Jésus: Il reste encore tant de route à faire, mais je t'instruirai, te cultiverai, ma fleur. Sache que moi aussi j'ai été appelé un temps à vivre ce que tu es en train de vivre: servir le Père.

27 janvier

Marie: Ma chère fille, en cette journée de vendredi, je désire partager ma souffrance avec toi en te rappelant les souffrances de mon Fils lors de son Couronnement d'épines.

28 janvier

Marie: Jésus t'a rachetée par sa mort; alors toi, cherche à lui plaire puisqu'il t'a tant aimée. Que ta bouche exprime une prière continuelle et que chaque jour, en louant le Créateur, tu vives un morceau de Ciel.

29 janvier

Jésus: Ma fille, apprends une chose de Moi: se donner aux autres sans limites.

30 janvier

Marie: Chers enfants, moi, la Porte du Ciel, la Mère céleste, je viens ici aujourd'hui pour vous demander d'allumer les flambeaux de l'Amour. Fortifiez votre foi en cette période et donnez-vous du courage. La lutte entre le Christ et Satan arrive à son terme et c'est précisément pour cela que je vous demande de vivre en union avec moi ces dernières années consacrées à mon Cœur Immaculé.

31 janvier

Marie: Les souffrances deviendront maintenant plus lourdes, mais ne vous en préoccupez pas: Mon Jésus va revenir. Ce sont les temps concédés par Dieu à Satan; mais vous, si vous demeurez à l'écoute de la voix de votre Maman, vous serez incorruptibles. Je vous aime tant, je serai avec vous jusqu'à la fin.

Février

1er février

Marie: A cette heure, les fils de la Lumière prient Dieu, afin qu'il leur concède la vraie paix sur la terre. Mes enfants, la prière doit être le devoir de tous et non seulement de quelques-uns, pour que le Seigneur Dieu répande ses grâces sur chacun.

2 février

Marie: Ce que j'ai prédit est sur le point de se manifester au monde. Ma véritable prière, c'est l'Amour. Si vous agissez dans l'Amour, vous serez solidaires les uns des autres.

Ce monde pervers est sur le point d'être rénové. Mais si vous persévérez dans l'erreur, vous verrez avec vos yeux ce que vous ne voudriez jamais voir.

Aimez-vous! Aimez-vous! Aimez-vous! Je suis venue apporter l'Amour et enlever la duplicité. Prenez exemple sur moi qui suis la Mère de la Voie maîtresse.

3 février

Marie: Mes enfants, je vous prie encore une fois: accueillez mes messages en vos cœurs comme une bonne nouvelle. Ne les étouffez pas par votre indifférence. Je vous le dis: laissez-vous aller totalement à Dieu! Faites-vous bercer de mes bons conseils. Je veux votre bien, je vous aime. Je veux votre salut. Ouvrez votre cœur et je proclamerai des choses jamais entendues. Je ferai surgir des sentiments de pureté et de sanctification.

4 février

Jésus: Ne me rejette pas! Ne me fais pas souffrir encore! Si tu savais comme je t'ai attendue avant de te rencontrer! De là-haut, avec la Maman, nous te regardions quand le péché était l'unique baume dont ton âme se paraît. Quelles douleurs n'avons-nous pas éprouvées parce que le temps de t'appeler n'était pas encore arrivé. Attente interminable. Moi, j'ai su attendre et souffrir avant que tu ne prennes conscience de Moi! Dis-Moi, si je ne t'avais pas appelée, aurais-tu fais attention à Moi?

5 févier

Marie: Mes enfants, je vous attends, espérant que votre prière sera une prière du cœur. Je veux que vous disiez oui avec votre cœur, et pas seulement avec les lèvres. Moi, votre Mère du Ciel, Médiatrice universelle, je suis venue pour vous tous, mes enfants, mais surtout pour accueillir ceux qui ont le cœur pur et les rassembler avec amour dans l'Amour.

6 février

Jésus: Mon Père, avec l'éternelle Lumière de Vérité et d'Amour, par amour pour les hommes, a fait de moi sa présence vivante au milieu de vous, puisque le Père et Moi nous sommes Un. De même que je brûle d'amour pour vous, de même vous deviendrez incandescents par l'Esprit-Saint et vous serez enflammés pour correspondre à l'Amour. De même que je suis dans le Père, Feu d'Amour, de même vous serez en Moi et vous vous renouvellerez en Moi.

7 février

Jésus: Que personne ne s'approprie le Nom de Dieu pour faire dévier ou contraindre, pour imposer ou se faire accepter, car je vous le dis: il n'y aura pas de salut pour ceux qui se disent justes, mentant en présence du Tout-Puissant, et qui se réservent le monopole de la divine Volonté, laquelle est consignée dans la Sainte Ecriture.

8 février

Marie: Chers enfants, vous devez vivre intensément mes messages dans votre cœur. Souvent ils sont mis de côté pour faire passer vos opinions. Aujourd'hui, au nom de l'Esprit de Dieu qui est saint, je vous demande: «Ouvrez vos cœurs, vos esprits et vos intelligences, et vous réussirez vraiment à dire: Jésus, viens au milieu de nous!»

9 février

Jésus: Tu porteras cette «parole» dans les cœurs en disant ceci: «Jésus est le divin Maître... Pour être aimé, il n'a pas besoin de temples, sinon ceux des cœurs. Lui, le Saint, désire exclusivement votre Fiat à son appel. Tu leur diras que je suis constitué intégralement de trois éléments et qui veut comprendre, comprendra: Amour, Miséricorde et Justice.»

10 février

Jésus: N'a-t-il pas été dit, écrit et transmis au cours des siècles que j'ai visité les petits et les miséreux et qu'il me plaît de les visiter encore? Eux, au contraire des autres, bien qu'ils n'aient rien à m'offrir me donnent leur cœur avec une disponibilité sans limites.

11 février

Jésus: Tenez-vous devant l'image de ma Mère et votre Mère et attendez en priant. Moi, le Christ, je vous dis: Laissez-vous enseigner et vous serez ravis. Fixez les yeux sur son Cœur où vit le mien. Comme je désire que le vôtre vive aussi en lui, si grand! Regardez-la, regardez-la attentivement parce que ce n'est pas seulement un tableau peint: en son Cœur réside vivant le Trésor des trésors, la Fleur des fleurs, la Reine des reines. Admirez et admirez encore son noble visage où le très mélancolique regard est tout pour vous! Préservez jalousement ce don du Ciel.

12 février

Jésus: Ma petite fille, en cette terrible heure de ténèbres, je désire que, pour le salut des âmes, vous me priiez ainsi:

Cœur très aimant de Jésus, par tes souffrances sur la Croix, en cette heure d'obscurité sois Lumière pour l'humanité!

A tous ceux qui, chaque soir, par leur souffrance m'offriront cette prière, je promets non seulement que les âmes adonnées à la prière seront sauvées, mais aussi que tous ceux qui vivront en état de grâce, je les élèverai à un degré supérieur de spiritualité.

13 février

Jésus: Celui qui voudra m'aimer sera aimé. Celui qui remettra son propre esprit et confiera ses propres péchés à mon Cœur infiniment miséricordieux, sera pardonné. Celui qui ne voudra rien de tout cela sera jugé sans retard.

14 février

Marie: Si vous avez foi, mes enfants, vous sortirez du tunnel de la tentation purs et victorieux. Sinon, le fils des ténèbres vous conduira sur une voie sans issue, vous induisant d'abord au vice, en vous portant à la mort puis à l'accaparement de vos âmes.

15 février

Jésus: Mon Epouse (Eglise), ne sais-tu pas que je me sacrifie réellement sur l'Autel? Pourquoi des doutes t'assaillent-ils? Ne comprends-tu pas que tu ramènes tout à un culte de pure formalité? Tu sais bien que je t'aime tellement et que je t'ai édifiée en gravant ton saint nom sur le front de tes enfants! Ouvre-toi donc, ma bien-aimée, aux lois de l'Amour.

16 février

Jésus: Mes enfants, ne cherchez jamais de signes, à moins que le Père ne vous les concède. Ne donnez pas de place à la rationalité, mais soyez libres et sans soucis, abandonnez-vous à moi sans limites, parce que dans mon Projet il n'y a pas de place pour la raison, mais seulement pour le cœur. Cela veut dire que je suis l'argile et vous la paille. Je suis le ciment et vous les pierres: l'un a besoin de l'autre pour renforcer l'Eglise.

17 février

Jésus: Je suis l'éternel Ami et l'Amour absolu. Je veux vous aimer, pénétrer en vous et vous protéger, mais comment cela pourra-t-il se faire sinon par votre correspondance d'amour? Je suis Jésus et on sait que je suis la Porte et que celui qui ne passe pas par cette Porte n'aura pas la vraie vie, la Vie éternelle.

18 février

Jésus: Je suis celui qui vous donne richesse et vertu. Repose-toi en Moi, ma fille. Donne-Moi toutes tes souffrances et toutes tes angoisses et surtout fais-Moi participer à ta vie, en disant toujours: «Nous avons faim, nous avons sommeil, allons prier, etc.» Nous sommes deux et je te donne vie. Sache que celui qui me suit, Roi de la Victoire, sera le messager de la victoire! Vous tous mes enfants, nourrissez-vous de la nourriture du Ciel et vous aurez tous indistinctement ma Sagesse infinie.

19 février

Marie: Ma fille, tu dois faire beaucoup prier, puisque ce ne sont ni les paroles ni les larmes qui pourront apaiser la douleur de mon divin Fils. Soyez toujours simples et purs, détachés des biens matériels! Ne pensez pas à orner vos corps puisqu'il y aura bientôt de grandes tribulations et que votre seule nourriture et votre seul parfum devront être notre Parole.

20 février

Jésus: Ma fille, avant tout, tu dois apprendre à réparer pour les autres, en offrant tes humiliations, tes actions et tes prières.

21 février

Jésus: Venez, venez, nourrissez-vous de mon Corps: mes Œuvres constituent votre pain, et par mon Sang je vous sauve. Aimez-moi et désirez-moi et moi en un éclair je serai en vous, prêt à vous pardonner et à reconstruire le nouveau fil conducteur de grâce qui vous tient liés à Moi.

22 février

Marie: Maintenant, je désire surtout que vous réveilliez en vous la crainte de Dieu, l'unique arme pour combattre le péché, lequel fait perdre du terrain à vos âmes que Dieu a voulues «toutes saintes».

23 février

Marie: Mes bien-aimés, en ce temps soyez proches de mon Cœur de Maman, parce que mon Cœur Immaculé, avec ses troupes de consacrés, d'anges, de saints et de prophètes de tous temps, combat l'âpre bataille. Finalement nous réaliserons le grand projet dont on a déjà écrit: Voici la Sainte Jérusalem qui vient renouveler toute chose. La Sainte Eglise aussi resplendira comme la plus belle étoile dans le firmament du Seigneur.

24 février

Marie: L'heure est venue de choisir entre le paradis et l'enfer. Dieu, en sa liberté infinie, vous donne le libre choix. Si vous choisissez le paradis, sachez que la route est longue et étroite, mais qu'à la fin vous trouverez gloire et lumière pour vos âmes, l'unique bonheur éternel. Soyez toujours près de moi et unis au Saint Sacrifice de la messe.

25 février

Marie: Mes enfants, vous ressentez la joie de Dieu quand vous priez mon divin Rosaire qui apporte amour et paix.

26 février

Marie: Vous tous, mes enfants, continuez à persévérer dans les combats pour amener notre Parole dans les cœurs. A chaque instant, nous serons avec vous. Sachez que votre Maman est très contente de vous quand vous devenez des «instruments de la Parole de Dieu».

27 février

Jésus: Je viens pour instaurer mon Règne au milieu de vous, avant que se manifestent les choses du Ciel, dont mon Jean fut le premier spectateur. Elle descendra bientôt au milieu de vous, la Nouvelle Jérusalem et j'ai le dessein de préparer le monde, en me servant de toi et d'autres instruments, pour mon prochain retour.

28 février

Marie: Le monde est malade de la chair, c'est pourquoi l'esprit est malade. Ma fille, ne me demande plus de guérisons du corps, parce que maintenant que le temps approche, ce n'est plus salutaire pour beaucoup.

29 février

Jésus: Il ne faut pas rechercher la souffrance. C'est un don de Dieu. Beaucoup sont appelés à (porter) une croix invisible, celle de l'âme. Pourquoi donc s'en construire une que je n'ai pas donnée?

Mars

1er mars

Jésus: Ne crains pas et sois docile à ma Volonté. Laisse-moi devenir ton ultime respiration. Ne donne pas la première place aux créatures! Sois consciente d'une telle grâce dont ton Souverain t'a comblée.

2 mars

Jésus: Laisse-moi te conduire, main dans ta main jusqu'au bout. Ne m'abandonne pas avec tes peurs. Je te dis: «Malheur à l'homme qui se confie à l'homme!» (Jr 17,5). Je suis le Seigneur et on me doit l'unique obéissance pour les siècles des siècles... Aimez-moi sans limites et Moi, le Seigneur, j'accomplirai des miracles!

3 mars

Marie: Chers enfants, voilà un bon moment que nous qui sommes du Ciel, sommes avec vous. Mais vous n'avez pas compris ce que signifie former un groupe de prière et l'offrir au divin Cœur de mon Fils. Trop de superbe et d'orgueil vous couronne l'âme et peu de capacité d'aimer.

4 mars

Marie: Aujourd'hui, chers enfants, mon Cœur Immaculé vous offre un don: le commandement du Père: «Aimez votre prochain plus que vous-même!» Mes chers enfants, vous devez vous dépouiller des vieux vêtements et les laver à la source du Cœur Immaculé de Jésus, pour les rendre purs et resplendissants!

5 mars

Jésus: Immole-toi comme moi sur la Croix. Partage avec moi les souffrances, les angoisses, les tristesses. Moi seul peux te consoler. Ne t'afflige jamais, ma fille, et donne-moi ton cœur, afin que tu puisses me consoler.

6 mars

Jésus: Mon âme est triste parce que bien que Moi, le Fidèle, je vous aie donné ma sainte Mère comme Médiatrice, les hommes, ses enfants, n'entrent pas dans ma Maison par cette Porte. Ils refusent ainsi mon Règne.

7 mars

Jésus: Mon aimé(e)! Ami(e) de mon Cœur, par ta souffrance, veux-tu enlever la haine et le mal du monde avec ton Rédempteur?

8 mars

Marie: Aujourd'hui, mon message est un message de paix. Mon Cœur est profondément blessé par tous les méfaits des hommes. Combien d'enfants privés de leur innocence! Combien de mères privées de leurs fils! Ma fille, tant d'épées transpercent mon Cœur! Mon Fils continue à verser le Sang de ses saintes Plaies. Ma fille ce Sang crie: «Justice, justice, justice!» Aujourd'hui, je t'invite à prier avec plus de ferveur! Que mon message rejoigne tous les cœurs! Que tous participent à ma douleur de Maman!

9 mars

Marie: Je m'adresse aux jeunes: Que les racines de la nouvelle ère soient des racines d'amour et des regards continuellement tournés vers votre Jésus constamment crucifié! Que le Crucifix soit votre aube et votre couchant!

10 mars

Jésus: C'est le temps de la conversion et ma grâce se répand profondément en tous, afin que chacun ait le temps de salut nécessaire, avant ma venue au milieu de vous. Moi, l'Esprit de Dieu, je dis: «Vivez en moi parce que vous êtes sur la terre, mais vous n'êtes pas de cette terre; parce que votre unique et vraie patrie c'est le Règne glorieux de mon Père.»

11 mars

Jésus: Sois constante dans la prière, surtout en acceptant la souffrance, mais souviens-toi que tu n'es pas seule: «Je suis avec vous jusqu'à la fin des temps.»

12 mars

Jésus: Vous m'êtes tous chers et précieux et c'est pour cela que je désire votre union avec moi qui s'actualise seulement et uniquement par l'amour. Si vous saviez qu'un seul regard tourné vers moi avec le repentir de vos péchés vous sauve, vous comprendriez combien mon Amour est infini et éternel. Aimez-moi en vous vous aimant! Soyez unis les uns les autres…

13 mars

Jésus: N'oubliez pas d'être toujours obéissants à ma Loi et je pourrai entrer dans les replis de votre cœur, comme fait le vent dont on ne sait ni d'où il vient ni où il va, mais qui est présent au milieu de vous. Marchez avec moi sans crainte. Je suis votre «fleuve de grâce».

14 mars

Jésus: Je me donne à tous gratuitement et je veux être aimé gratuitement. Je désire que vous me priiez sans toujours demander. Abandonnez votre «moi», il fait suffoquer la vraie vie.

15 mars

Jésus: Il y a deux portes qui vous reconduisent à Moi: mon Corps et mes révélations. Donnez-vous à moi qui suis le médecin de vos âmes et je rendrai la vue aux aveugles, la Parole de vie aux muets et l'ouïe aux sourds pour l'écoute de mes louanges.

16 mars

Jésus: Ma fille, répare, répare. Aujourd'hui, plus personne ne le fait et si quelqu'un le fait, il demande toujours quelque chose en échange. Et moi pour m'être immolé, est-ce que j'ai demandé à mon Père plus que ce qui me revenait?

17 mars

Marie: Aujourd'hui, Moi, Mère de Jésus et votre Mère, je vous invite à vous mettre tous sous la puissance divine d'amour, afin qu'elle vous donne «Sagesse et vigueur» pour affronter toutes les difficultés de la vie. Maintenant, je désire qu'en vous, mes enfants, se réveille la crainte de Dieu, unique arme pour combattre le péché qui fait reculer vos âmes que le Seigneur a voulues «toutes saintes».

18 mars

Marie: Ma fille, je désire que l'on fasse connaître mon Cœur au monde entier, afin que dans les heures de désespoir on sache qu'il est miséricordieux et secours des pécheurs, toujours disposé à accueillir et à conduire à Jésus.

19 mars

Marie: Ma fille viens à ta Maman et je soignerai tes plaies douloureuses, tout comme j'ai fait au pied de la Croix de mon Fils. Moi, la Mère de Dieu et ta Mère, je te soutiendrai sur le douloureux chemin que Jésus a préétabli pour toi. Je serai ton soutien pour que tu serves la grâce de Dieu avec plus de foi et de confiance. Ma fille, répare toujours avec beaucoup d'amour pour les âmes. Le monde a tant besoin de réparations.

20 mars

Marie: Vous les jeunes, vous êtes la semence de la vie et, à cause de cela, je vous demande de ne pas vous laisser dominer par mon ennemi qui, avec son astuce et ses tromperies, vous pousse au découragement, que ce soit dans la prière ou dans l'action. Attention au démon: désormais il est au milieu de vous. Il n'a pas de visage, c'est pourquoi il vous sera difficile de l'identifier dans son œuvre, mais n'ayez pas peur, persévérez dans votre mission. Votre Maman du Ciel vous protégera par son Amour divin.

21 mars

Jésus: Ecoute, ma fille. Satan cherchera par sa puissance à t'anéantir, parce que ceux qui porteront le témoignage de Jésus pour le glorifier dans les peuples et dans les siècles seront persécutés. Mais je serai ta force et ton refuge, ta lumière et ton salut. C'est uniquement en Moi, ton Dieu, que tu auras la paix.

22 mars

Jésus: La nature humaine ne cède pas facilement sa place à la nature divine qui est enracinée en chaque homme, parce que don du Père. C'est pourquoi l'homme n'aime jamais assez. Aimer l'Amour signifie offrande quotidienne à son frère, qui se concrétise dans l'acte de charité. Je suis ton Maître et je désire que tu apprennes de moi comment et quand aimer.

23 mars

Jésus: C'est le moment de prendre la croix et de me suivre. Ne vous désistez pas. Et sachez ceci: C'est seulement et uniquement par la croix que l'on parvient au Règne de Dieu.

24 mars

Jésus: Laisse-toi toujours faire par ma divine Volonté, et Moi, Roi de douleurs, je te réconforterai... Que ma sainte Paix soit dans ton cœur. Le Ciel te guide dans la souffrance, ainsi on pourra rompre les chaînes de la haine et de l'indifférence. Entre dans mon agonie.

25 mars

Marie: Mes enfants, je désire vous inviter à réfléchir sur l'immense don de la Vie. Beaucoup d'entre vous perdent la Vie, celle qui est le souffle du Père, à cause de choix iniques et de comportements faciles. Mes enfants, réfléchissez et méditez sur Celui qui a donné sa Vie, afin que la vôtre soit sauvée. Je vous aime, mes enfants, et je vous veux tous ensemble encore dans les temps futurs, pour grandir toujours plus dans l'Amour absolu.

26 mars

Jésus: Ma fille, ton Jésus t'appelle à souffrir. Aujourd'hui, sois prête à gravir le Calvaire avec Moi.

Désires-tu me soulager de mes Plaies qui saignent? Donne ta confirmation à l'Amour.

27 mars

Jésus: Ma fille, ma souffrance est comme l'océan, et bien que tu ne sois qu'une gouttelette, tout ton amour suffira pour me soulager. Je désire que vous ouvriez vos cœurs et correspondiez à mon Amour divin.

28 mars

Marie: Mes enfants, voici les jours de la nouvelle crucifixion de mon Fils. C'est pourquoi je vous appelle! Je désire qu'à travers vous, on approfondisse ma présence dans le monde et qu'on irradie ma lumière corédemptrice. Cette terre est très pécheresse et on ne reconnaît plus les saints dons qui conduisent au salut.

29 mars

Jésus: Mes enfants, regardez-Moi, l'*Ecce Homo,* et vous ne pourrez plus jamais me rejeter, parce que vous aurez réalisé combien je souffre. Je vous demande de vous aimer les uns les autres à cause de cette souffrance.

30 mars

Jésus: Fille, mon cœur est irréparablement broyé. Jeûne et prie! Les signes des temps ont commencé et souviens-toi: la foi d'une seule âme sauve le monde.

31 mars

Marie: Chers enfants, je vous invite sérieusement à vous placer sous mon Manteau, parce que vous y trouverez un abri quand les désastres provoqués par votre ignorance s'abattront sur vous. Je vous invite encore: Il n'y a plus de temps à perdre. Convertissez-vous, sauvez-vous!

Avril

1er avril

Jésus: De même qu'une fois je me suis immolé sur la Croix pour vous racheter, de même mon Amour sans bornes, dans des jours à venir, vous donnera le Pain de Vie, pour vous sauver. Mes petites brebis (égarées) dans le monde, revenez à Moi! Quelle gloire votre Seigneur vous donnera si à chaque instant vous bénissez son Nom!

2 avril

Marie: Mes enfants, souvenez-vous: s'éloigner du Crucifix signifie ténèbres et c'est précisément pour cela que chacune de vos maisons doit être habitée par mon divin Fils qui vous aime tant, jusqu'à venir encore au milieu de vous.

3 avril

Jésus: Ma fille, je sais de quoi tu as besoin. Je sais ce que chacun de vous désire dans son cœur, mais on ne peut pas avoir tout toujours, parce que souvent, on demande en vertu de la vie terrestre et non pour la Vie éternelle qui est la vraie.

4 avril

Marie: Mon amour pour vous est grand et moi qui suis votre Maman, je veux vous le donner. Je veux tous vous porter à mon Jésus. Les tribulations qui attendent la terre sont considérables, mais si vous vous confiez à mon Cœur, je vous conduirai peu à peu. Que votre paix soit dans le Seigneur. Confiez-vous toujours dans le Rosaire, parce qu'il n'est pas voulu seulement de Moi, mais aussi de mon divin Fils Jésus.

5 avril

Jésus: Dans la volonté divine, il n'y a pas de place pour des temps ou des dates préétablis. La bonté de mon Père est infinie. Il veut le salut de tous les peuples de la terre. C'est pourquoi je tarde à venir, Je suis le Fils du Tout Puissant... Tous vous êtes faits pour la gloire éternelle.

6 avril

Debora: Comment faire pour aider le monde, comment peut-on porter la paix et chasser la guerre?

Jésus: Ma fille, par les sacrifices, les abstinences, et une vie dédiée à l'Amour de Dieu Père; et ainsi la prière montera vraiment au ciel.

7 avril

Jésus: Laissez mes mains modeler votre cœur. Laissez-Moi, Moi, le Roi des rois, opérer en vous. Acceptez mes Œuvres divines et faites-vous brûler d'amour. O hommes, croyez en mes signes! Ne gaspillez pas l'abondance des dons de Dieu, mais soyez-lui fidèles et obéissants.

8 avril

Marie: Chers enfants, votre Maman est avec vous, et je ne désire pas vous voler votre liberté. C'est votre cœur qui doit se décider pour le Seigneur. Je vous aime et je vous écoute. Souvenez-vous toujours de mon divin Fils, combien il a souffert. Quand à vous, vous n'offrez pas vos souffrances au Seigneur! Ne le faites pas désespérer.

9 avril

Marie: Mes enfants, soyez conscients de vos actions, soyez-en conscients, oui, soyez-en conscients. Je suis votre espérance qui chemine avec la Lumière et la Vie du monde. Mon Cœur est ouvert. Il est temps maintenant que le vôtre se décide. Je l'attends dans chacune de vos prières.

10 avril

Marie: Chers enfants, un jour vous me verrez tous comme vous verrez tous mon divin Fils, mais aujourd'hui ce qui est important aux yeux de Dieu, ce sont les prières, la conversion totale du cœur, les veilles continues, les jeûnes continus et les sacrifices. Chers enfants, je vous invite encore une fois à la prière du Rosaire. C'est seulement par le Rosaire que Moi, la Mère de Jésus, je pourrai vous vivifier.

11 avril

Jésus: Veillez à demeurer toujours pauvres, ainsi Moi, votre Flamme d'Amour, je pourrai entrer dans votre cœur, remplir tout votre esprit de Moi-même et vous modeler selon ma divine Volonté.

12 avril

Jésus: Aujourd'hui je vous appelle tous indistinctement à être les porte-voix de ma Parole, mais surtout les holocaustes du Seigneur. Si vous vous abandonnez à l'Amour, tout deviendra possible et réalisable. Abandonnez vos opinions, parce qu'elles vous rendent esclaves et empêchent les «envols dans la liberté» que le Seigneur Dieu et Père donne.

13 avril

Jésus: Ma fille, viens à moi et essuie mes Plaies douloureuses. Je suis ici à nouveau cloué sur la Croix. Elle semble être mon unique alliée. Elle ne veut jamais se séparer de moi et elle me tient toujours serré contre elle depuis deux mille ans. Les jugements continuels des hommes me crucifient: leurs péchés, leurs incrédulités, l'hypocrisie et l'anathème de cette humanité sauvage. Ma douleur se renouvelle parce que Sodome se renouvelle.

14 avril

Marie: Je suis Marie, Mère de l'Espérance, du divin Amour, du divin Pardon, de la divine Piété. Mon intercession est puissante auprès du Père. Prie-moi de tout ton cœur.

15 avril

Marie: Chers enfants, Moi, la Mère de Dieu, je viens pour vous demander d'aimer, mais vous n'avez pas encore compris ce qu'aimer signifie. Mes enfants, je vous ai demandé la prière, mais votre prière a pour seul objectif ce que vous attendez; elle n'est pas un dépassement de vos péchés.

16 avril

Jésus: Je dis: «Tous, oui, chacun de vous, s'il le veut, sera touché par l'Esprit-Saint qui rend brûlant d'amour, et moi je me ferai voir, tout comme vous voyez vos frères, et vous me parlerez comme vous parlez à vos pères.»

17 avril

Jésus: Que chacune de vos actions soit contrôlée et investie par le Seigneur. Que l'Amour soit l'unique valeur dans laquelle vous investissiez votre existence. Je suis l'Homme des Douleurs, sachez donc qu'aucune de vos souffrances ne sera endurée en vain!

18 avril

Jésus: Mon Calice de Justice et de douleurs déborde, mais je veux encore dire une parole de salut à mon peuple: «Amour»: Si vous m'aimez, je ne tomberai pas sur vous. Ayez faim et soif de Moi, le Christ; je ne pourrais pas ne pas vous aimer. Aimez-moi et je daignerai descendre dans votre cœur. Désirez-moi et mon Esprit de paix s'étendra pour vous.

19 avril

Marie: Chers enfants, je suis Notre-Dame du Rosaire. Rappelez-vous qu'un jour aux noces de Cana j'ai dit: «Faites tout ce que mon Fils vous dira.» Aujourd'hui plus que jamais, Moi, votre Mère, je vous dis: «Faites tout ce que mon divin Fils vous dira!»

20 avril

Jésus: Mon âme, ta souffrance, silencieusement vécue, te purifie et te conduit à Moi, «l'Homme d'indicibles tortures et douleurs».

21 avril

Jésus: Ma fille, dis à tous de se repentir et de se tourner vers mon Amour qui ne laisse pas ses propres enfants orphelins. Dis-leur de changer la haine par l'amour, le faux par le vrai et de proclamer sans crainte ma Parole aux brebis égarées, parce que Moi, le Christ, je les ferai devenir des tabernacles de sagesse et incandescents d'amour fraternel. Je bénis tout le monde et envoie mon Esprit de paix sur lui. Vivez les uns pour les autres, sinon vous ne réussirez pas à affronter le futur et à construire la paix et l'amour.

22 avril

Jésus: Toi, ma fille, tu parleras aux hommes de mon infinie miséricorde, en sorte qu'ils puissent tous avoir indistinctement accès à la porte de la bienheureuse Patrie. Aime-Moi, aime-Moi, aime-Moi sans changer d'avis. Offre-Moi tout ce que tu as. Donne à celui qui est

Sagesse tous les dons que tu reçois. Moi, le Saint, je les transformerai en sainte union d'amour. Ma fille, je désire que tout passe par mes mains.

23 avril

Marie: Chers enfants, mon cœur est bien triste, parce que vous ne parvenez pas à comprendre «les larmes de la Maman», à laquelle on vient soustraire tant de fils chaque jour. Accueillez l'invitation que l'Enfant Jésus donne au monde et vous arrêterez les grands châtiments que le Seigneur Dieu a préparés pour les rebelles et les ingrats.

24 avril

Marie: Ma fille, le temps presse plus que jamais et je demande de nombreux sacrifices et davantage de veillées nocturnes. Ma fille, ils sont nombreux les dons que je suis en train de concéder à cette terre si aimée du Seigneur, mais vous ne comprenez pas et le temps presse. Maintenant je m'adresse à tous les groupes d'amour et de prière du monde: Armez-vous avec plus de prière ou vous n'aurez pas la force de vaincre le Malin qui veut vous faire perdre la foi.

25 avril

Marie: Je voudrais te dire: «Paix, paix, et paix au monde», mais ce monde est trop plein de méchanceté, trop plein de haine. Je voudrais dire: «Amour, Amour et Amour», mais le monde ne se comporte pas d'une manière filiale envers le Père, et moi qui suis la Maman du monde je veux le changer, je le veux attentif, je le veux comblé d'Amour, mais surtout incliné dans l'acte d'adoration à mon Jésus, qui vous aime au point de venir au milieu de vous et de se faire semblable à vous.

26 avril

Marie: Très chers et bien-aimés fils, aujourd'hui, je désire ouvrir vos cœurs aux merveilles et aux enseignements de mon Fils. Aujourd'hui, je veux vous conduire à la voie maîtresse, mais c'est nécessaire que vous compreniez l'importance de se consacrer totalement au Seigneur Dieu en ces ultimes temps mauvais.

27 avril

Jésus: Mon Esprit de paix est sur vous. Je suis Celui qui vous aime et transforme vos misères en pierres précieuses. Ecoutez mon Cœur qui bat pour vous! Voyez mes yeux, tout à vous! Ma vie, je la donne. Mes amis, revenez à Moi. Pourquoi donc vous êtes-vous éloignés de Celui qui vous a appelés ses amis? Je vous ai cherchés dans ce désert aride, mais vous, quand me chercherez-vous? Les crimes de cette génération ont arraché de vos esprits la Sagesse et l'Intelligence.

28 avril

Ma fille, tout ce qui est sain et naît dans le cœur est toujours inspiré du Ciel et chacune de tes pensées ou volontés d'abandon complet ou de consécration à moi n'est autre que ma Volonté divine absorbée par ton âme, qui parle à travers la conscience.

29 avril

Marie: Je vous demande la conversion radicale. Chers enfants, c'est le moment de m'accepter dans votre vie, afin que le Malin ne puisse plus se divertir avec vos âmes. Je viens vous dire que les temps du Père sont proches. La vigne est mûre. Maintenant cela dépend seulement de vous, joyaux de mon Cœur. Vous devez m'offrir vos prières... Je désire la prière de votre cœur.

30 avril

Marie: Mes enfants, laissez-moi vous dire à la veille du mois qui m'est si cher: Consacrez toutes vos heures et travaux à mon Cœur Immaculé et grâce à lui, que puisse resplendir le nouveau rayon de l'Esprit-Saint en vous et sur ceux qui vous sont proches. Laissez-moi vous dire: épanouissez-vous comme s'épanouissent maintenant les fleurs. Commencez à vivre votre consécration et le mois prochain je me lèverai en beaucoup.

Mai

1er mai

Marie: Je désire que vous viviez ce mois de mai en priant intensément votre Maman. Voici un mois de grandes grâces et je les concéderai si vous les demandez avec le cœur. Mes enfants, offrez-moi vos petites souffrances et je les transformerai en pierres précieuses. Ne me faites pas souffrir par vos fautes.

2 mai

Marie: Chers enfants, laissez-moi vous bénir. Laissez-moi entrer dans vos demeures, rendre pures et immaculées vos langues pour qu'elles soient prêtes à proclamer le Royaume de Dieu sur la terre, comme je vous l'ai enseigné.

3 mai

Marie: Mes enfants, votre Seigneur ne tardera pas à venir pour les justes, mais aussi pour les méchants et alors je vous demanderai compte de vos actions. Les temps des Ecritures sont en train de s'accomplir et mes ennemis, dans toutes les parties du monde, diront de moi des choses fausses et donneront de moi à mon peuple une fausse image, en refusant ma véritable identité.

4 mai

Marie: En ce mois de mai mon Manteau immaculé couvrira entièrement le monde, mais vous, cherchez à sentir dans votre cœur ma présence plus forte au milieu de vous. Je vous recommande à tous la pratique de la sainte Eucharistie et la confession fréquente. En faisant ainsi vous deviendrez des roses parfumées. Offrez-moi des abstinences. Je désire spécialement le jeûne du tabac et de la télévision.

5 mai

Jésus: Aujourd'hui, je montre encore mon Amour pour vous faire comprendre que, malgré vos offenses et vos indifférences, il n'a pas changé. Combien de temps encore devrai-je attendre en souffrant? Combien de temps encore me remplacerez-vous, mes jeunes amis, par les créatures de la terre? O mes amours! O mes amours! O mes amours! Mon Cœur saigne. En vérité, je vous dis que mes ennemis sont en train de recouvrir la terre du vacarme de leurs agents; mais je vous ferai entendre plus fort le bruit de mes pas, plus puissant que la voix de mon Esprit.

6 mai

Jésus: Je donne mes signes, pour que vous respectiez les commandements du Père, en servant mes consacrés dans leur difficile cheminement. Ne somnolez pas, en laissant tout passer. Offrez-moi vos veilles, vos sacrifices, vos processions pénitentielles! Mes enfants, ne soyez plus la pointe de l'épée qui transperce mon Sacré-Cœur!

7 mai

Jésus: Mes enfants, vous prenez soin de m'éloigner de votre vie! Et Moi, dans mon Amour, je donne encore des signes pour votre conversion. C'est ainsi que l'Esprit de Dieu parle à ses enfants: faites en sorte de l'accueillir! Ce temps est celui de l'abandon entre les mains de Dieu. Si vous entrez dans ma Paix, je ferai descendre sur vous l'Esprit et vous serez avec Moi, Un avec le Père. Je suis avec vous et je continuerai à vous parler de la même manière.

8 mai

Marie: Chers enfants, moi, la Mère de la Paix, je suis venue demander des prières incessantes pour conjurer les châtiments du Seigneur Dieu. Mon Fils Jésus m'envoie pour ouvrir les cœurs, afin qu'ils puissent entrer et modeler toutes les âmes, selon sa Sainteté. Jésus veut l'amour et la charité. C'est seulement ainsi que vous pourrez vous accoster à la vraie Vie.

9 mai

Jésus: Quand vous déciderez-vous pour votre Roi, le vrai Roi? Je suis le Sauveur des hommes, et moi seul puis vous conduire à la vraie Vie. Mes enfants, le temps de l'Esprit est arrivé; en ce temps, vous entendrez parler de moi d'une voix forte dans toutes les langues, puisque le premier millénaire est l'Amour du Père, le deuxième est l'Amour du Fils et le troisième est l'Amour de l'Esprit-Saint, qui concrétise le Fils dans le Père et réalise le salut dans la Parole, qui a déjà été révélée et écrite. Moi, le Roi de la Révélation, j'accomplirai des œuvres innombrables, afin que le monde reconnaisse mon action sur la terre.

10 mai

Marie: Ma fille, Moi, la Mère des Douleurs, je suis avec toi. Je désire que tu vives ta souffrance en silence. Fais en sorte que le Seigneur soit l'unique témoin de tes souffrances. Je suis la Mère du silence et, en cette journée, tu œuvreras par ta souffrance, dans le silence.

11 mai

Marie: Mes enfants bien-aimés, Moi, votre Mère de la Verdure Céleste, je viens encore une fois sur cette terre, afin de vous rendre plus lumineux que jamais. Je vous demande d'être des propagateurs de la prière. Il n'y a qu'avec la prière que vous réussirez à extirper l'ennemi du monde, lui qui veut soumettre la Patrie bienheureuse à son empire ténébreux, qui est de la terre et non pas du ciel.

12 mai

Marie: Ce temps est un temps de grande souffrance pour Jésus, l'Agneau éternel. Venez-Lui en aide sur son chemin ardu vers les âmes. En cette période, je vous demande, moi Mère des Douleurs, de vous unir dans les sacrements de mon divin Fils, afin d'être complètement en Lui. Je serai encore avec vous dans les prochains mois et j'accorderai beaucoup de grâces de cœur, afin que vous puissiez passer cette mauvaise période du Dragon rouge.

13 mai

Marie: Moi, Mère du paradis et de l'Amour éternel, je ne demande rien qui me convienne à Moi, mais tout ce que je vous demande c'est en vue du salut qui est préparé pour vous. Utilisez votre cœur et soyez prêts à parler par lui, parce que c'est du cœur que partent les choses sincères et bienveillantes. Je vous le demande encore une fois: soyez les propagateurs de mes saints dons. Ma Parole sera pour vous source de salut, unie au Corps de mon Fils.

14 mai

Marie: Mes enfants, vous ne méditez pas en faisant pénitence la souffrance de mon Fils: pour cela, la plupart du temps, vous ne recevez pas les grâces dont vous avez besoin. Mes enfants, voici mes bras: ils sont ouverts pour vous. Je vous envoie mes rayons de lumière, afin que votre foi donne de bons fruits, pour rendre le juste merci que l'on doit au Seigneur Dieu.

15 mai

Marie: Mes fleurs, la chose la plus belle pour vous, c'est de faire partie de mon jardin fleuri. Mes mains se fleurissent petit à petit et, avec une tendresse et un amour infini, vous caressent... Je vous aime, bien-aimés de mon Sacré-Cœur. Entrez dans mon Bercail!

16 mai

Marie: Mes enfants, je vous prie, essuyez mes larmes de douleurs par votre prière. Les signes de mon Fils recouvrent la terre, afin que vous sachiez vous décider pour Dieu. Vous priez mal; c'est pourquoi le Saint-Esprit ne descend pas sur vous. Je suis venu pour vous demander avec amour et douceur de prier pour le salut. Il n'y a plus de temps! Il n'y a plus de temps! C'est maintenant mon mois, c'est pourquoi je vous demande de prier chaque jour l'acte de consécration à mon Cœur Immaculé.

17 mai

Marie: Ma fille, dis à mes consacrés qu'il est très facile, en ce temps d'apostasie, de tomber dans les artifices de l'usurpateur. Le fils des ténèbres n'a aucun scrupule. En outre, je t'avertis qu'un grand danger menace l'humanité, si on ne se décide pas pour le Seigneur Dieu, qui est d'abord insulté, puis abandonné.

18 mai

Jésus: Je vous bénis et vous tiens près de mon Cœur de Pasteur. Et je vous dis: donnez de l'assurance à votre cœur. Si vous me cherchez, je serai avec vous, et si vous ne me cherchez pas, je serai quand même avec vous, parce que je ne peux vous abandonner. C'est ainsi que le Saint-Esprit parle à son élève. Louez-moi et donnez-moi de l'amour comme j'ai fait avec vous.

19 mai

Marie: Chers enfants, mon invitation d'aujourd'hui s'adresse à tous les cœurs. C'est maintenant que doit avoir lieu la véritable résurrection de vos cœurs. Si vous ne ressuscitez pas de la torpeur du péché, la Pentecôte ne pourra pas descendre sur vous et vous donner la vraie foi du cœur, qu'on obtient par le sacrifice et l'abandon à Dieu.

20 mai

Marie: Chère fille, on commémore en ce jour la descente de l'Esprit-Saint au Cénacle. Aujourd'hui, moi, la Mère de Jésus et votre Mère, je vous invite à tous vous mettre sous la divine Puissance d'Amour, afin qu'elle vous donne «sagesse et vigueur» pour affronter les nombreuses difficultés de la vie.

21 mai

Marie: Je suis toujours ici, mais vous n'accueillez pas mes messages avec votre cœur. Regardez ce qui se passe dans le monde, c'est justement parce que vous n'avez pas écouté mes appels! Je vous demande des prières. Visitez la Maison de mon Fils, qui est le Cœur de son Corps. Les choses empireront si vous n'écoutez pas les douces paroles de votre Maman, qui vous veut tant de bien. Faites la paix entre vous, réconciliez-vous avec Dieu: il n'y a plus beaucoup de temps. Je suis sainte Marie, la Pèlerine, et je viens pour proclamer les saintes Paroles de mon Fils.»

22 mai

Marie: Mes enfants, je vous demande d'accueillir mes messages et de les méditer chaque jour et spécialement les dialogues que mon Fils concède à ses âmes. Ils seront lumière pour vous. Mes enfants, je désire que vous rencontriez plus souvent mon Fils dans le divin acte d'amour: l'Eucharistie; de plus, je désire que le jeudi, chaque semaine, à 19 heures vous fassiez la prière de guérison de l'Esprit: c'est pour cela que je suis venu sur cette terre, pour vous donner des grâces encore plus grandes que celles pour le corps.

23 mai

Marie: Mes enfants, je suis très offensée par suite de l'indifférence de beaucoup à ma venue sur la terre. C'est pourquoi mon Cœur est saturé de souffrances au point d'être constamment couronné d'épines. Nos deux Cœurs sont offensés dans leur sainteté. Mes enfants, je vous demande de prier à mes intentions.

24 mai

Marie: Ma fille, viens prier dans la maison avec moi. Maintenant je désire méditer deux mystères: l'Agonie de Jésus et sa Flagellation. Offre-moi toute la nuit: cela sauvera les âmes sacerdotales que tu aimes tant. Priez tous pour mon intention, je vous prie de le faire avec ferveur toute la journée de demain.

25 mai

Marie: Très chers fils, les cieux exultent à vos prières. Combien mon Jésus vous est reconnaissant, parce que, vous, pauvres, petits et persécutés, vous espérez encore dans le salut des âmes, désormais quasi abandonnées des hommes. C'est bien, mes enfants, continuez ainsi. Je vous veux purs comme les lys des champs, frais et parfumés comme le givre frais de l'aube qui descend sur les petites fleurs des champs en friche. Les anges exultent pour vos œuvres. Si vous saviez combien je vous aime et vous protège, vous pleureriez de joie et m'aimeriez à l'instant même.

26 mai

Marie: Très chers enfants, votre Maman vous bénit. Aujourd'hui, il est nécessaire que vous compreniez l'urgence à vous décider en faveur de Dieu. Soyez attentifs au temps qui arrive! Telle une «Pèlerine de la Paix» je vais, errant de pays en pays, afin que vous tous, mes enfants, vous soyez sauvés. Il est urgent que vous compreniez tout le travail que Dieu est en train d'accomplir pour vous sauver, et à quel point est bref le temps de Satan qui, par orgueil, vous éloigne de mon Cœur.

27 mai

Marie: Chers enfants, je suis la Mère de l'Amour et de la Paix et, au nom de mon Fils bien-aimé, je vous demande d'être les «apôtres» de ce Royaume qui est tout entier à construire, le Royaume de mon Fils Jésus.

28 mai

Marie: Ce sont les temps du désordre mais, avec votre bonne volonté, je remettrai les choses à leur place, tel que tout était auparavant. Je vous annonce que les châtiments de Dieu sont descendus sur la terre mais, avec vos sacrifices et votre aide, Moi, la Mère de la Paix, je les éloignerai de vous. Bientôt les jours de grande affliction vous environneront totalement, mais ne craignez point, car vous êtes avec Moi. Je vous couvrirai de ma maternelle bénédiction.

29 mai

Marie: Mes chers enfants, je suis Marie pèlerine. Je veux vous expliquer ma mission divine sur la terre. Le Seigneur Dieu a fait de moi votre Mère pour l'éternité et je désire que vous me fassiez régner au milieu de vous. Moi, la Mère de Dieu, je vous demande de vous mettre sous ma bénédiction divine et maternelle, avant que le Malin vous attaque définitivement. Vous vous demanderez pourquoi sur cette terre, je ne donne pas de signes tangibles, mais moi, chers enfants, je vous demande: «Avez-vous une foi tangible?»

30 mai

Marie: Chère fille, aujourd'hui je désire que mon Cœur soit connu du monde entier, afin que, dans les heures de désespoir, on sache que ce Cœur miséricordieux, Secours des pécheurs, est toujours prêt à les accueillir et à les amener à Jésus.

31 mai

Marie: Mes enfants, je suis la Femme persécutée par la Bête et c'est pour cela que mon Cœur désire vous sauver avant que le Tentateur, par ses éblouissements persistants, vous entraîne dans les gouffres ténébreux et infernaux.

Juin

1er juin

Jésus: Enfants de mon Sacré-Cœur, je vous connais au plus profond de votre cœur; je sais que vous m'aimez... mais vous ne le montrez pas par vos œuvres. Je vous demande de reconstruire mes autels brisés. Je donnerai vigueur à mes agneaux répandus dans le monde. Enfants, réparez pour mon Sacré-Cœur. Fils, j'ai besoin de votre soutien; j'ai soif de vos prières.

2 juin

Marie: Ma fille, ta Maman céleste te place dans son Cœur Immaculé. Moi, la Mère des Douleurs, je te soutiens, je t'encourage et je te bénis. Offre ta souffrance pour les péchés que l'on fait contre le divin Cœur de mon Fils et pour les sacrilèges que l'on accomplit contre la divine Eucharistie. Que le parfum du paradis soit le baume de tes blessures!

3 juin

Marie: Mes enfants bien-aimés, ne soyez pas tristes si je vous dis que mon Cœur Immaculé est déchiré. Je ne peux pas ne pas pleurer! Vous tournez le dos à mon Fils. Vous n'écoutez pas nos demandes, que de plusieurs endroits nous formulons, afin que vous soyez sauvés. Vous êtes souvent accaparés par les choses de la terre et jamais vous ne vous demandez vraiment pourquoi tant de prodiges ou de désastres recouvrent cette terre de misère. Je suis toujours avec vous et c'est pour vous dire que vous avez tout dans l'Evangile que mon Fils a apporté aux hommes par ses disciples.

4 juin

Jésus: Je suis le doux Consolateur, Ami de mes agneaux. Ma fille, crois-tu que mon Cœur soit loin de toi? Crois-tu que je vive dans les hauteurs du Règne, laissant mes fils mourir dans ces arènes de sang? Ma fille, mon Cœur subit de continuelles afflictions, précisément parce qu'il est proche de ses créatures. Comment le Créateur pourrait-il fêter la gloire de son Règne alors qu'il sait que ses créatures vivent dans l'abomination de la désolation, dans la douleur et dans le sang, loin de son Amour? Non, tout le Ciel est en lutte à cause de votre situation.

5 juin

Marie: Mes enfants, je vous aime d'un amour infini et bénis tous ceux qui portent et porteront la Parole du Ciel au monde, afin qu'il puisse se convertir au Sacré-Cœur de mon Fils.

6 juin

Jésus: Je ferai de toi un exemple. Ecoute-Moi! Tu es le récipient et moi le «Précieux Contenu». Quand le récipient est vide de tout contenu, c'est facile de le remplir. Je désire que ma Sagesse soit le contenu de ton âme. Veux-tu me recevoir?

7 juin

Jésus: Mes enfants, c'est l'ère que le Père attendait pour faire de son Règne un vrai Règne du paradis et de Gloire sur la terre. Mes signes se multiplieront et ma Volonté sera entendue, tout comme vos pères ont entendu la Voix du Père tout-puissant. Souvenez-vous que celui qui me voit et m'entend voit et entend le Père.

8 juin

Jésus: Mon Père vous aime et il veut que vous soyez prêts pour la bataille de mon Sacré-Cœur et pour le triomphe du Cœur Immaculé de ma Mère. O terre, ô fils de mon Cœur, je veux que vous soyez prêts pour la fin de l'apostasie et le début du cri de la gloire de mon Règne sacré. Fils, ne vous laissez pas séduire par les flatteries de l'ennemi. Je suis avec vous, même quand vous ne croyez pas.

9 juin

Jésus: Je suis Celui qui dit à son peuple: l'heure est proche, soyez prêts, je viendrai dans la Gloire pour vous libérer du mal. Fils bien-aimés, amis de mon Sacré-

Cœur, soyez des propagateurs de ma Parole, et je vous bénirai d'une bénédiction éternelle.

10 juin

Jésus: Mes enfants, méditez les signes de mon Sang purificateur sur vous, afin qu'une fois encore vous vous approchiez de mon Epouse bien-aimée (l'Eglise), Mère de mes enfants.

11 juin

Jésus: Attention, mes enfants, attention aux hommes qui veulent vous nourrir de leurs théories empoisonnées, d'exemples d'impuretés et de souillures rationalistes, qui désirent «récompenser» l'Amour par la haine, le bien par le mal et vous dévorer d'un seul coup. Tout cela arrivera. Mes Paroles sont transparentes.

12 juin

Jésus: Moi, qui ai reçu l'Onction, je montrerai à tous la Vérité et le Salut et mon Amour infini inondera tous les cœurs, même les plus arides, et le Père du Ciel donnera au monde d'une manière prodigieuse cette grâce infinie de la conversion et de la fidélité éternelle.

13 juin

Jésus: Offre-moi ta volonté. Abandonne-toi à Moi. Ne pense pas que tu le fais en continuant à faire souffrir ton cœur. Ne sais-tu pas que rien ne m'échappe de ce qui arrive à l'homme ou le tourmente? Si l'on comprenait que je peux tout, beaucoup arracheraient à mon Cœur les grâces les plus inatteignables. Moi, le Véridique, je vous donne mes trésors. Pourquoi n'en profitez-vous pas? Je me montre avec toute ma tendresse, mais vous refusez mes appels divins, considérant que vous êtes dans le droit chemin et que vous ne commettez aucun péché.

14 juin

Jésus: Quand donc abaisserez-vous votre orgueil et vous ferez-vous guider par la Main de Celui qui est le Maître? Quand cesserez-vous de suivre celui qui est bouffi d'orgueil? C'est par mes Plaies douloureuses que je vous ai donné d'être ce que vous êtes. Je vous dis: «Ouvrez vos cœurs et accueillez-Moi. Je vous répète que je serai bientôt avec vous, oui, avec vous!

15 juin

Jésus: Soyez tous obéissants à mon pape, demeurez tous fidèles à mon Eglise! Ne vous dispersez pas, malgré l'impureté des miens!» Bientôt «les murs du Dragon» seront abattus et, avec lui, les dernières têtes restées au pouvoir. De mon bâton je frapperai l'ennemi, délivrant du Malin tous les otages, éliminant les tumeurs de mon Corps mystique. Tenez-vous auprès de mon «Martyr» [Jean-Paul II] avec votre cœur, je vous le répète, avec votre cœur. Ne le trahissez pas avec votre esprit: la force de votre amour envers lui soulèvera ce monde d'impureté.

16 juin

Jésus: Je souffre quand je vous vois continuellement mélangés au péché, tandis que Moi, l'Epoux mystique de vos petites âmes, je vous appelle à la sainteté, une sainteté qui s'exprime seulement et exclusivement dans l'amour intime du cœur qui s'établit entre vous et moi.

17 juin

Jésus: O mes enfants, je ne permettrai pas que vous vous éloigniez de mes enseignements. Je vous suivrai comme la poule fait avec ses poussins et je vous porterai sous mes vêtements saints et immaculés. Non, je ne supporterai pas que vous viviez encore loin, loin de moi. Je veux être en vous mais vous, m'accepterez-vous? Fils bien-aimés de mon Cœur, quand serez-vous avec moi?

18 juin

Marie: Vous, mes enfants, vous êtes superficiels et votre trop faible foi vous mènera à la dérive si vous ne prenez pas la Croix de mon Fils sur vos épaules avec résignation. Voici ma demande: que samedi prochain vous consacriez une veillée de prières à mon Cœur Immaculé, en réparation pour le Cœur de mon Fils, tellement abandonné et déchiré par vos péchés. Mes enfants, vous ne voulez pas comprendre: tout cela c'est pour votre salut! Confessez-vous plus souvent et vivez en état de grâce, autrement l'ennemi trouvera en vous une demeure appropriée pour ses ténèbres.

19 juin

Jésus: Comme les membres se déchirent au moment de votre refus à mes appels évidents! Oui, je viendrai au secours de mes brebis et avec amour je panserai les blessures ouvertes et sanglantes; je les soignerai et avec une protection paternelle je les cacherai du gel et de l'aridité du péché. Ne m'abandonnez pas et je travaillerai encore ainsi en vous. Laissez-vous modeler par ma sainte Volonté et vous serez mon reflet de vérité. Soyez amour: aimez l'amour.

20 juin

Jésus: Ma fille, mon Sacré-Cœur sera votre lampe. Prenez-le et mettez-le au centre de votre maison. Plein d'amour, il vous enveloppera dans la lumière de la Vérité. Il vous conduira, si vous lui faites confiance, au «sommet de la Sainte Montagne» et sans vous faire vaciller, il fera de vous «une épée à double tranchant». Combien d'amour j'ai pour tous mes fils en leur donnant mon Cœur! Qu'aurais-je dû faire de plus? N'ayez pas peur d'embrasser la souffrance: faites-le pour moi. Votre Maître vous connaît; il sait ce dont son peuple a besoin.

21 juin

Marie: La désacralisation de la Maison du Père a atteint son comble, la coupe de mon Fils est pleine. Je vous donne la clé pour enfermer pour toujours le diable dans son repaire ténébreux: cela dépend seulement et exclusivement de votre vouloir. Moi, la Mère de Dieu, je vous donne mes messages, mais vous ne voulez ni les comprendre ni les mettre en pratique. Je vous dis: la prière, le sacrifice, l'Eucharistie et la pénitence conduisent au salut. Sans eux, soyez sûrs que vous n'entrerez pas dans le Royaume du Père, préparé pour vous depuis la création.

22 juin

Jésus: Pour être saints, il faut que vous m'aimiez totalement et je vous appelle à cela, parce que je sais que vous le ferez. Bien sûr vous êtes misère infinie, et c'est seulement avec ma grâce que vous pourrez devenir comme votre Epoux. Mais est-ce que je ne vous l'offre pas?

23 juin

Marie: Très chers enfants, aujourd'hui j'ai laissé descendre sur vous une pluie de grâces et sur mon Image les gouttes de l'huile de mon Amour, afin que vous ayez une force spirituelle contre les attaques de Satan, mon ennemi et le vôtre. Je suis la Vierge de l'Eucharistie et, en ce mois consacré au Cœur de mon Fils Jésus, je désire que Jésus-Eucharistie soit davantage adoré et visité.

24 juin

Jésus: Mes enfants, je vous tendrai encore la main, afin que vous connaissiez mon infinie Miséricorde et la profondeur de mon Sacré-Cœur. Laissez-vous tous éduquer par la Volonté suprême et je vous libérerai des pièges de Satan, l'antique serpent. Je me tiens encore à la porte, afin qu'en vous sauvant vous puissiez vous délecter avec moi de la paix que donne la Patrie bienheureuse.

25 juin

Jésus: Je suis avec vous, mes créatures... Aimez toujours la Vérité et soyez-en témoins. Permettez-moi de cheminer au milieu de vous; je m'apprête à vous sauver. Vous demeurez en moi, parlant à travers moi, travaillant à travers moi. Que tout soit vécu à travers moi.

26 juin

Marie: Ma fille, j'aimerais des actes de réparation. La pénitence, les sacrifices, la prière, se nourrir du Pain du Ciel en réparation pour les péchés que l'on fait contre mon divin Corps et divin Sang.

27 juin

Marie: Mes enfants, j'ai reçu vos suppliques, mais beaucoup d'entre elles ne seront pas exaucées, parce qu'elles ne procèdent pas d'une foi sincère. Maintenant je désire personnellement bénir l'huile, comme signe de l'onction pérenne de votre foi. Mes enfants, je vous donne cette huile, vous la porterez aux malades du cœur, oui, à ces fils qui n'ont pas la grâce de Dieu en eux; Je vous exaucerai. Je veux vous libérer de l'ennemi. Invoquez, invoquez-moi comme la T. S. Vierge de l'Huile qui touche et qui guérit.

28 juin

Jésus: Mes bien-aimés, rien ni personne ne pourra résister à mon Amour, parce qu'il attire tout à lui. Je vous ai dit un temps: «Quand je serai élevé de terre, j'attirerai tout à moi.» Il ne peut en être autrement. Méditons ensemble Mt 5,13-16. Oui, je vous ai constitués pour être le sel de la terre, mais si vous devenez sans saveur, que récolterai-je de plus? Maintenant regardez alentour, quelle désolation, quel flot de larmes susceptible de recouvrir la terre! Moi, le Bon Pasteur, je vous dis: «Avez-vous jamais vu qu'un homme allume une lampe et qu'ensuite il la mette sous le boisseau? Ne la déposera-t-il pas sur le lampadaire?» Vous êtes la lumière du monde.

29 juin

Jésus: Ma fille, quel calvaire! Ah, mes Plaies et mon Cœur saignent! Quelle souffrance de voir ma création pâtir de la faim, de la maladie, des maux, des fléaux de la guerre! Moi, je saigne abondamment et malgré votre méchanceté, votre absence, votre manque d'amour envers moi, votre Bon Pasteur est tout yeux pour vous! Combien de temps me ferez-vous attendre encore en regardant comme des spectateurs votre autodestruction?

30 juin

Marie: Mes enfants, vous êtes la Nouvelle Jérusalem, mais ce n'est pas encore le temps de la gloire pour les serviteurs de mon Fils. Il y aura un temps de purification par la souffrance.

Juillet

1er juillet

Marie: Je désire que les larmes versées à cause de cette humanité apostate soient méditées, vénérées et essuyées par l'offrande et la prière. Tout cela arrive pour que vous sachiez que ce sont les jours du second Avènement... Manifestez votre gratitude à votre Seigneur. Il est le seul dispensateur des grâces que vous recevez tous... En ce jour solennel et si cher à mon Cœur, nous avons voulu vous montrer notre Cœur plein d'amertume. Prenez-le et remplissez-le par votre donation à Dieu.

2 juillet

Marie: Je m'adresse à tous mes fils: ne jugez pas avec mépris mes petits prophètes. Dites-moi: Si cela n'avait pas été annoncé par eux, auriez-vous connu notre venue sur la terre? Mes enfants, Jésus veut entrer dans votre cœur et vous visiter. Soyez amoureux comme lui: il se donne complètement pour vous!

3 juillet

Marie: Mes enfants, si vous ne correspondez pas à mon Amour, je ne pourrai pas agir en vous. Mais si vous me laissez une petite place dans votre cœur, j'y entrerai et mon Fils, demeurant en vous, vous remplira de Sa Paix et vous guérira.»

4 juillet

Marie: Mes chers enfants, aujourd'hui, je désire vous donner la connaissance des armes que l'on utilise pour combattre pour le Seigneur:

1) le divin Corps de mon Fils Jésus: l'Eucharistie;
2) l'extirpation du mal qui est dans votre cœur: la confession;
3) les Ave Maria de mon saint et aimé Rosaire: les dards qui frappent les têtes du Dragon.

5 juillet

Marie: Mes chers enfants, pour celui qui désire être rassasié, mon divin Fils a mis de côté pour vous les réserves de son Règne. N'ayez pas peur: ceux qui le voudront auront du pain en abondance. Ecoutez la voix du Pasteur suprême: n'endurcissez pas votre cœur comme au temps de la rébellion.

6 juillet

Marie: Votre Maman veut répandre les dons, mais vous devez m'ouvrir votre cœur et être obéissants à la volonté de Dieu. Si vous avez la joie, si vous faites ce que je vous dis, je vous appellerai toujours miens.

Chers enfants, je suis en vous pour vous préparer à mon Fils Jésus, qui est déjà en vous par la réédification de «ce Règne glorieux et purifié».

7 juillet

Marie: Mes jeunes, venez à votre Maman, jetez-vous, après votre famille, dans la Famille céleste qui est sacrée et nous vous tiendrons toujours compagnie pour toute la vie... Mes chers jeunes et mes chers enfants, j'ai un amour de prédilection pour vous. Si vous saviez quel amour Jésus vous porte, vous seriez très émus!

8 juillet

Marie: Chers enfants, pourquoi vous êtes-vous éloignés? Revenez vers votre Maman! Comme c'était beau quand, tout petits, avant de vous endormir, vous priiez mon Cœur en disant: «Sainte Marie, prie pour nous.» Oui, chers jeunes, je prie sans cesse pour vous, et je suis très préoccupée par vous qui, de jour en jour, vous éloignez toujours plus de moi. Maintenant, chers jeunes, sachez que vos jeunes cœurs arrachent tant de grâces au Seigneur.

9 juillet

Marie: Mes enfants, me voici avec vous: je suis la Vierge de la Paix, la Consolatrice des affligés. Mes enfants, mes mains sont posées sur vous pour envoyer la Lumière qui, descendant de Dieu, donnera ses bienfaits à vos cœurs. La Maman est avec vous, et je suis venue encore une fois pour vous demander de tout mon Cœur la prière qui vous portera au salut.

10 juillet

Marie: Fils, au nom de mon Fils Jésus-Christ, je me manifeste à vous comme Myriam, la Vierge de Nazareth. Mes bien-aimés, vous devez comprendre que, de nombreuses façons, le Seigneur désire vous sauver et pour cela je vous demande de ne pas écouter toutes ces voix qui viennent du Trompeur, lequel veut vous arracher de mon Cœur Immaculé en faisant passer toutes mes présences et mes signes sur la terre comme étant faux ou de nature à vous désorienter.

11 juillet

Marie: Mes enfants, je veux vous faire comprendre que mon apparition dans le monde est nécessaire et que tout était déjà prévu dès avant la création. Ce sont les temps où mon ennemi cherche à me retarder, mais vous savez bien si c'est moi qui vous parle. Chers enfants, ne permettez pas que la confusion vous éloigne de moi. Je suis venue et, descendant du Ciel, je désire ardemment vous ouvrir le cœur: confiez-le à moi, votre unique et vraie Maman.

12 juillet

Marie: En ce temps qui va venir, mes vrais enfants souffriront la vraie persécution, mais tous mes enfants viendront à la rescousse, ceux qui sont vraiment miens conduisant le combat. Mes enfants, écoutez les paroles de votre Maman qui veut vous enseigner la Vérité: Jésus-Christ, et vous conduire à Lui. Mes enfants, entrez pour faire partie de la Bergerie de mon Fils.

13 juillet

Marie: Mes enfants, moi votre Maman, je vous rappelle que ce sont les temps de malheur et que bientôt mon Cœur Immaculé apportera le triomphe. Toutefois, si vous n'apportez pas votre aide, il y aura pour cette génération de grandes tribulations. Très bientôt, les appels divins cesseront dans le monde entier et vous connaîtrez les faux prophètes de cette terre qui commenceront alors leur mission d'opposition.

14 juillet

Marie: Mes bien-aimés, je suis très heureuse que beaucoup d'entre vous accueillent mon appel et mon aide. La Maman vêtue du Soleil ne vous lâchera pas! Je vous suis pas à pas sur ce chemin, mes enfants, et je vous assure de ma Présence persévérante et de ma bénédiction maternelle. Si vous ne m'offrez pas votre pénitence, il y aura de graves fléaux. Je vous assure de mon Amour.

15 juillet

Marie: Dis à tes frères de persévérer dans la pénitence, avec un grand effort de volonté. Il n'y a plus de temps, il n'y a plus de temps! Commencez dès maintenant; le Seigneur désire des prières. Il y aura davantage de désastres qu'avant: le monde est en train d'aller vers son autodestruction, mais il est averti: le Seigneur parle à son

Israël! Vous devez avec moi commencer à vivre sérieusement votre «Credo».

16 juillet

Marie: Maintenant, chers enfants, je vous demande d'être plus tendrement unis les uns aux autres; avec moi vous constituerez alors la Puissance de ces temps nouveaux qui arrivent.

17 juillet

Marie: Chers enfants, le Seigneur a choisi les petits pour s'en faire une couronne qui soit digne de lui... La sainteté vous est si proche qu'il suffit d'un simple oui et tel un mariage solennel et perpétuel, vous serez un.

18 juillet

Marie: Je suis la Mère de Dieu, la *Théotokos*. Crois en moi. Croyez tous en moi. Bientôt, il n'y aura plus de consolations matérielles excepté la sainte Eucharistie, et pour cela, vous méditerez sur ces moments-ci, cadeaux du Seigneur pour vous faire comprendre sa continuelle présence parmi vous.

19 juillet

Marie: Très souvent vous vous demandez et quelquefois vous vous tournez vers moi: «Combien de temps durera encore notre souffrance? Quand finira notre dur chemin?» Aujourd'hui votre Maman désire vous consoler et vous disant que la route est encore longue. Pour cette raison je suis là à vos côtés pour vous soutenir, vous prendre sur mes épaules, quand votre péché vous fait tomber très bas.

20 juillet

Marie: En ces jours de profondes douleurs, reprenez votre souffle en vous réfugiant dans mon Cœur de Maman. Abandonnez votre arrogance qui souvent se répand au milieu de vous. Soyez plus humbles, en parcourant avec moi la route qui mène au Ciel. Je désire vous épargner les souffrances du purgatoire, en vous incitant à choisir dès maintenant le Seigneur.

21 juillet

Marie: Chers enfants, aujourd'hui mon Cœur remercie parce que par vos prières, vous avez ôté quelques épines au très noble Cœur de mon Fils Jésus.

22 juillet

Marie: Chers enfants, le souffle du Saint-Esprit a soufflé parmi vous ses divins dons. Maintenant, c'est à vous de les accueillir et de les faire fructifier. Ces dons pourront mieux s'enraciner si, entrant de maison en maison, vous faites de petits Foyers de prière.

23 juillet

Marie: Oui, mes bien-aimés, demeurez dans la prière continue. Je vous veux ainsi. Demeurez dans l'amour de Dieu et veillez à ne pas semer la discorde et à ne pas juger vos semblables pour ne pas attirer encore plus la colère de votre Père du Ciel.

24 juillet

Marie: Je suis la Mère du Corps divin et, en venant à toi avec la sainte Eucharistie, j'ai voulu t'adresser un message de réparation. Je suis la «Mère du Sacrifice perpétuel». J'ai désiré me montrer avec l'habit simple et pauvre que je portais habituellement lorsque j'habitais Nazareth, parce que de là je porte un message de pauvreté, perle précieuse au Seigneur. Je suis descendue aujourd'hui ainsi vêtue, parce que j'ai voulu parler aux petits du monde, aux pauvres de cœur.

25 juillet

Marie: Je suis venue ici pour vous sauver et vous faire aimer mon Cœur. Mes bien-aimés, il est écrit qu'il y aura des signes dans le soleil, la lune, sur la terre, des signes de sang! Moi, j'ai voulu réaliser tout cela ici, malgré vous, mes enfants, qui piétinez le travail que j'accomplis d'heure en heure. Combien de fois le soleil a-t-il dansé dans le ciel pour vous donner la joyeuse annonce de ma venue? Combien de fois la lune vous a-t-elle parlé de mon Nom et a-t-elle montré mon signe? Combien de fois ai-je pleuré avec vous? Combien de fois ai-je versé le sang de mon Cœur en voyant votre cruelle indifférence? Combien de fois vous ai-je bénis avec l'huile parfumée de la prospérité?

26 juillet

Marie: Ma fille, dis à tous que je donne tout mon Cœur et que je n'oublie aucune âme: je suis pour tous l'Amour. Ma fille, je crie par mes prodigues pour que la Justice du Père ne vienne pas comme un orage dans la nuit! Mes âmes, acceptez la vérité: votre cœur uni aux prières peut changer l'humanité.

27 juillet

Marie: Chers fils, en ces temps durs, vous serez les olives qui dans le «pressoir» de chaque lieu serez persécutées, pressées jusqu'au bout, parce que les temps d'aujourd'hui sont ceux du Renouveau de toutes choses! Comme le Créateur, pressé par la colère de Satan, ainsi, ses fils pâtiront son martyre. Comme moi, la Mère du douloureux silence, j'ai été affligée par la souffrance, ainsi mes fils seront tout un avec moi. Mes enfants, vous êtes tous dans mon Cœur et c'est pour cela que vous proclamerez votre victoire.

28 juillet

Marie: Mes enfants, vous oubliez vite tout ce que le Cœur de Dieu vous donne, mais vous n'avez jamais réfléchi que Lui vous demandera ce que vous avez fait de ses dons d'Amour. Ne soyez pas durs avec le Seigneur, sinon vous n'entendrez jamais sa Parole dans votre cœur. Il faut fermer votre bouche pour entendre son langage. C'est ce que tu diras! Maintenant, ma fille, je désire que tu pries...»

29 juillet

Marie: Ma fille, mon Fils aujourd'hui vous a choisis en m'envoyant, et moi, en vous donnant mes larmes, je vous ai manifesté l'Amour. C'est de lieux divers, mais unis à mon Cœur que je désire vous rassembler afin que vous soyez prêts pour la purification. Approchez-vous parce que les diables sont descendus sur la terre avec toute leur puissance noire et ils vont activer leurs ultimes et féroces attaques. Mes chers enfants, je vous prépare et vous, unis à moi, vous en sortirez victorieux.

30 juillet

Jésus: Ma fille, les erreurs proviennent de la suffisance et de l'arrogance. La conséquence, c'est un total éloignement de moi, la Sagesse infinie et la Charité ardente. Ma fille, pardonne, pardonne aux cœurs victimes des sévices continuels et gratuits de Satan. Ma fille, brûle toutes tes douleurs dans mon amour. Donne-moi ta constance!

31 juillet

Jésus: Mes enfants, je suis en train de reverser toute ma grâce et je vous envoie des myriades de serviteurs. Tournez-vous à gauche et à droite: regardez les élèves de mon Cœur. Ils sont directement formés par ma Sagesse. Vous les reconnaîtrez, parce qu'ils seront les rebuts de cette humanité, la honte de tous, les maudits du monde. Ce sont mes disciples.

Août

1er août

Marie: Mes bien-aimés, ne craignez pas que je bénisse de mes larmes vos engagements, vos prières, vos sacrifices. Soyez meilleurs et confiez-vous avec un total abandon au Seigneur. Choisissez son enseignement et poursuivez ses voies et non les vôtres.

2 août

Jésus: Chère fille, je t'aime immensément et te garde dans mon Cœur; mais ne cherche pas à tout comprendre. Ton Dieu est un Dieu de simplicité et il aime à se révéler à son peuple avec une Sagesse équilibrée, afin qu'il comprenne et qu'en voyant il se secoue. La science, par sa prédominance, déclenche une terrible méfiance envers moi et envers mon Père. Oui, comprendre davantage peut être parfois un talisman mortel!

3 août

Marie: Je désire que l'on prie le chapelet à l'infini, comme des couronnes de roses à m'offrir pour consoler mon Cœur transpercé par vos péchés. Je désire la consécration à mon Cœur Immaculé, Fontaine de Paix, Source d'Huile sainte.

4 août

Jésus: O Ma Rose, C'est écrit: Le Seigneur scrute les justes et les injustes. Il fait pleuvoir sur les impies feu et soufre, mais juste pour ceux qui ont le cœur droit, il montrera son visage.

5 août

Jésus: Je suis au milieu de vous pour reconstruire mon palais. Je désire que ma sainte Mère, la Médiatrice, soit consolée, parce qu'elle est en train d'éloigner le grand châtiment. Mes enfants, collaborez par vos œuvres et par une prière vivante. Vous avez attiré sur vous d'innombrables châtiments. Méditez mon Amour dans la Mère de tous les hommes.

6 août

Marie: Ma fille, je ne reviendrai plus tellement sur la terre, mais pour le moment que l'on sache que mon appel se fera plus pressant... Je viens et je reviens encore pour que vous convertissiez votre cœur et que vous viviez dans la sainteté et la justice dans ce monde corrompu jusqu'aux os. Si vraiment vous vivez l'Evangile, démontrez à votre Mère les fruits de ce choix d'amour.

7 août

Marie: Chers enfants, je suis Notre-Dame du Rosaire et depuis longtemps, je vous prie de méditer les mystères que j'ai moi-même voulu donner à la terre, pour que vous parcourriez ensemble, avec nous qui sommes au Ciel, la Vie de mon Fils et certaines parties de ma vie.

8 août

Marie: Comme le soleil resplendissant, je suis venue, bâton de mes consacrés, pour diriger à travers la flamme de mon Cœur cette humanité souffrante! Je suis descendue du Ciel comme l'étoile pour resplendir sur le chemin de tant de ministres qui sont plus du monde que de mon Fils. Et pleine d'amour, je suis venue ranimer leur vocation sacerdotale, les remplir du Saint-Esprit et les faire briller comme le soleil, consolation de la Mère de la Croix, pupille des yeux du Seigneur. Mais quand se laisseront-ils guider docilement?

9 août

Jésus: Je vous ai dit: «Je serai avec vous jusqu'à la fin du monde. Je ne vous laisserai pas orphelins.» Mais vous les hommes, non seulement vous avez négligé ces paroles de vie, mais vous vous êtes enfermés dans votre petitesse mentale, faisant errer votre cœur auprès des trésors qui sont dans le monde, abandonnant volontairement le Soleil dans lequel se cache mon Cœur ardent: l'Eucharistie.

10 août

Jésus: Réunis tes frères dans mon Cœur au nom de ma Mère et de ta Mère, Marie Immaculée. J'écouterai vos prières. Je maintiendrai constamment mon regard sur vous. Je ne fermerai pas mon oreille à votre lamentation.

J'ai soif d'union, mais qui vraiment secouera son cœur et écoutera mon cri qui déchire la nuit? Vous m'êtes tous très chers. Moi l'Amour, je vous aime et donne à tous le désir brûlant de sainteté. Aujourd'hui je te dis que celui qui accueillera mon invitation sera complètement rempli de mon Esprit et ma paix habitera en lui ou en elle.

11 août

Jésus: Par les yeux de ma Mère, je montrerai ma douleur et je le ferai avec le langage du sang, parce que le sang signifie la vie; donner la vie, c'est souffrir dans la plus profonde vitalité du Cœur, parce que le sang, s'il est innocent, signifie pacte d'alliance avec Dieu. C'est pourquoi Lui, le Très-Haut, a voulu pacifier toutes choses, au Ciel et sur la terre, avec mon Sang jailli des profondeurs de mes viscères. De ces yeux très purs, je laisse transparaître la douleur, mais malheur à ceux qui déforment la signification d'une si grande douleur…

12 août

Marie: Je suis très préoccupée à cause de l'indifférence d'un grand nombre à l'égard des signes que le Père, saint et juste, vous envoie comme dernier rappel! A cet effet je demande à ceux qui sont déjà rentrés dans le droit chemin de se consacrer comme familles ou comme individus à nos deux Cœurs, qui sont sur le point de triompher.

13 août

Marie: Il n'y a pas beaucoup de temps pour comprendre ces derniers appels et je suis en train de vous faire accorder par l'Eternel le temps nécessaire. Aidez-Moi, aidez-Moi avec votre bonne volonté; sans elle on ne peut pas faire grand-chose. Je viens en tant que Mère de l'Olivier béni pour vous envoyer la paix nécessaire pour faire front aux luttes continuelles que l'antique persécuteur vous livre chaque jour. Je suis votre Mère, écoutez-Moi, écoutez-Moi, le temps se fait court.

14 août

Marie: Chers enfants, je suis la Mère de Jésus et je participe à votre joie dans la louange à l'Eternel. Je suis contente de vous voir en prière, et en pure prière du cœur. Nous avons manifesté notre Douleur (par des lacrymations), afin que vous preniez conscience de l'amertume de la couronne d'épines qui nous entoure et nous transperce! Ce fut un signe d'Amour et d'Espérance que je désire que vous ne taisiez pas, mais que vous révéliez avec une grande douceur à mes nombreux enfants qui vivent dans l'obscurité.

15 août

Marie: Chers enfants, je viens du paradis, mais souvenez-vous: le Royaume de Dieu est déjà au milieu de vous pour vous faire vivre le Règne du Père sur la terre, comme moi je le vis dans le Ciel. Je suis Celle qui est dans la Trinité! Je suis l'Epouse de la T. S. Trinité et, en ce jour, j'intercéderai auprès du Père, pour que le Saint-Esprit d'amour vous enflamme et qu'ainsi il devienne possible de mettre fin à toute forme de tiédeur et d'indifférence envers notre Parole.

16 août

Marie: Abandonnez les vains discours, et ne permettez pas que mes larmes moisissent sur mes images: c'est un témoignage attestant que Dieu est vivant et au milieu de vous. Comme Mère de l'Espérance je vous invite à une sérieuse conversion et aussi à vous faire les promoteurs de mes messages ainsi que de pénitences offertes à mon Jésus.

17 août

Marie: Satan s'est emparé d'un grand nombre de cœurs, mais Moi, votre Salut, je les conduirai au port en toute sécurité; pour cela il est nécessaire que vous m'aidiez, que vous coopériez pour que cette espérance de libération soit le plus proche possible. Méditez sur nos larmes, celles de mon Fils et les miennes, mais dans leur vrai contexte de souffrance! Le monde entier endure une terrible agonie, mais Moi, ma fille, je te dis que le triomphe de mon Cœur Immaculé est pour bientôt.

18 août

Jésus: Comment mon chrétien peut-il prétendre avoir une foi saine, si après deux mille ans, il juge scandaleux le péché du voisin et ne met pas un frein aux siens? Ceux qui m'appartiennent ne parlent pas beaucoup. Ce sont des types réfléchis et ils examinent les temps, en pensant à leur maturation. Ils ne font presque jamais de commentaires: ils attendent en priant et en se sacrifiant et ils attendent encore, encore, et encore!

19 août

Jésus: Comme elles me sont chères, les brebis que le Père des Cieux m'a confiées. C'est justement pour cette joie, dont toute la Cour céleste se réjouit, et pour cette grande œuvre de salut que j'interviens spécialement et continuellement auprès de mes pauvres âmes.

20 août

Jésus: Je suis, moi seul, le Bon Pasteur, je connais mes brebis parce que j'ai infusé en chacune d'elles le souffle de la vie. Je m'attriste quand l'une d'elles se met à claudiquer et mon Cœur souffre l'agonie quand le cancer commence avidement à se répandre. Je souffre et je pleure! Je pâtis en silence pour ma créature qui, m'abandonnant, s'en va courir après le fils de la perdition, aveuglée par les plaisirs faciles et illusionnée par les choses vides qu'il propose.

21 août

Jésus: Prête ton cœur à mes Paroles de Vérité, comme tu faisais au début. Ne te laisse pas abattre par la tristesse bien que, lorsque par peur, vous cachez mes Vérités, vous me trahissez par lâcheté, m'offensant grandement! Ma fille, tu as été voulue à cette époque, afin d'être l'instrument de ma Lumière dans cette foule obscure! Foule qui est celle des âmes pleines de misères!

22 août

Jésus: Le vrai chrétien, c'est celui qui, bien qu'il trébuche, ne se laisse pas abattre. C'est celui qui est éloquence de l'Esprit de Sagesse et de Force. C'est celui qui, impassible devant les massacres, continue d'être une pierre de construction pour les autres. C'est celui qui analyse et fait sa méditation personnelle pour croître d'abord en lui-même. C'est celui qui ne se scandalise devant rien et qui sait toujours répondre avec le oui du pardon affectueux.

23 août

Marie: Vous aimez la guerre et semez partout la division. Comment pourrais-je mettre en œuvre la paix en la rétablissant d'une manière particulière dans les peuples les plus martyrisés et les plus affligés, si votre volonté est perverse et ennemie de la Volonté du Père? Cependant, avec l'aide de ce petit nombre, ce petit nombre d'enfants, j'apporte aujourd'hui la dévotion qui, en renouvelant les cœurs, fera souffler un air nouveau et frais qui renouvellera mes jardins.

24 août

Marie: Mes enfants, engagez-vous dans la nouvelle Evangélisation, qui aidera cette seconde Pentecôte à se répandre sur vous tous avec puissance. Devenez les soldats de la Milice céleste, guidés par l'archange Michel, mon Général! Soyez des phares de lumière dans l'obscurité qui s'avance de plus en plus vite. Ma fille, il n'y a plus beaucoup de temps, c'est pourquoi je vous avertis, parce qu'en tant que votre Mère je suis plongée dans une profonde amertume au sujet de mes enfants.

25 août

Marie: Mon Cœur est désolé et l'Amour de mon Fils est crucifié! Que l'Eglise sache qu'elle est en train de vivre le temps de sa Passion, de sa Crucifixion et qu'elle doit s'engager pour sauver le plus grand nombre d'âmes possible. Il faut que les scandales prennent fin, que l'impureté soit vaincue, sinon vous vivrez des jours à venir encore pires. Mon Cœur Immaculé est en train d'exprimer toute sa souffrance.

26 août

Jésus: Laisse de côté les préjugés et apprends à dire en toute occasion: Toi seul es grand, Seigneur; Toi seul tu sais; Toi seul tu peux; tu scrutes les cœurs et tu les connais. Que je puisse voir l'œuvre de tes mains et que j'en sois digne!

27 août

Jésus: Beaucoup trop ne suivent pas mes voies. Mais le jour est arrivé où ma main paternelle frappera, mais sans briser, parce que tout refleurira. Allez donc, mes serviteurs, rassemblés en tous lieux, et portez partout mon Esprit, Esprit de prière, Esprit d'amour, Esprit de réparation, Esprit d'adoration! Maintenant, demeure dans ma Paix.

28 août

Jésus: Mes enfants, il est temps que vous compreniez une bonne fois que je vous ai appelés pour réaliser mon projet, que vous êtes le temple de mon Esprit vivant et qu'à partir du moment où vous changez votre cœur, en violentant votre conscience, vous menacez et détruisez le fondement même de cette immense construction de mon Règne au milieu de vous. Toute la création gémit. Toute mon Eglise est immergée dans une absurde tribulation.

29 août

Marie: Mes enfants, rayonnez sur mes enfants la Lumière, ne vous fatiguez pas de vivre mes messages! Je vous le dis: exultez! Il y a grande joie au Ciel et sur la terre quand la création écoute! Ne vous laissez pas surprendre par la méchanceté des «sages»! Satan, oui, mes enfants, met à profit votre naïveté. Je vous recommande encore de ne pas accepter les provocations, mais d'être mes réparateurs...

30 août

Jésus: Vois comme le monde me persécute et me cloue. Ils ne veulent pas comprendre! Ils ne veulent pas accueillir mon Cœur qui d'un geste suppliant, désire des actes de réparation et d'amour! Des lamentations montent jusqu'à mon Trône, des lamentations pleines d'ingratitudes: «Seigneur, tu nous as abandonnés.» Ils sont tellement sourds qu'ils ne ressentent pas mon amour ni n'entendent mon cri que même les fondements de la terre entendent! Ah, que mon Cœur saigne.

31 août

Jésus: Pourquoi venez-vous donc à mes pieds, si vous préférez agir par vous-mêmes? Ne vous ai-je pas dis que je suis et serai le Bon Pasteur éternellement? Vous vous sentez trahis et blessés, mais je vous dis: «Tous ne cherchent pas le coupable.» Et si vous le cherchez, pourquoi ne l'avez-vous pas encore trouvé? Pourquoi l'échangez-vous avec moi? S'il y avait une vraie volonté de salut chez vous, vous auriez déjà chassé celui qui usurpe et trompe, celui qui simule par des semblants bienveillants. C'est la situation dans laquelle vous êtes. Vous ne cherchez pas vraiment «la joie».

Septembre

1er septembre

Marie: Mes enfants, je suis contente de tous vos sacrifices. Du Ciel je vous bénis et je répète de ne pas craindre: rien ne peut vous faire de mal si vous vous confiez à moi et si vous me confiez vos familles. N'oubliez pas de louer le Nom de mon Fils Jésus-Christ.

2 septembre

Jésus: Combien de doctrines empoisonnées se répandent dans les cœurs de mes bien-aimés! Vous ne croyez plus en mon Amour immuable dans le temps: Vous vous éloignez, oui, vous vous éloignez toujours plus pour tomber victime du plan de torture de mon et de votre éternel ennemi.

3 septembre

Jésus: Je vous dis: réveillez-vous ou il sera trop tard et quand vous le voudrez, vous ne le pourrez plus! Je ne me lasserai pas de vous relever de vos infirmités, mais vous devez commencer à collaborer. L'esprit malade, c'est comme une tumeur qui croît sans douleur au début.

Mais quand je sonne l'alarme, c'est le moment de courir chez le médecin et de faire le plus vite possible. Quel malade dirait: «Docteur, il n'y a pas de quoi se presser. Attendez un peu, qu'on fasse les choses avec calme!», sachant que la mort pourrait le surprendre en peu de temps? C'est ainsi que je vous dis: Prodiguez-vous à devenir vrais et justes, en somme, des chrétiens, des catholiques dont vous n'êtes encore qu'un pâle reflet.

4 septembre

Jésus: Il n'y a pas de miracle sur terre qui puisse surpasser l'Eucharistie! Dans sa petitesse, il y a toute ma Grandeur! Mes prêtres, par qui se répand sur vous mon Esprit, présentent, uni au très saint Calice, Celui qui est le «Tout», et ainsi vous participez à ma Passion et en devenez, moment après moment, de «petites Hosties-filles».

5 septembre

Jésus: Voici ton Dieu, celui qui siège à la droite du Père qui se penche sur le monde et offre Instruction, Sagesse, Charité, Salut, Gloire à tous ceux qui deviendront serviteurs. Je ne cherche ni la sagesse ni la richesse, mais la misère et la fange pour rendre le brillant de la fontaine baptismale. Ne crains pas, ma fille, et pour te faire plaisir écoute mes paroles: rien ne peut nuire à la vie de celui qui est mien: «Vous marcherez sur les scorpions et les serpents et toutes sortes de puissances mauvaises et rien ne pourra vous nuire» (Lc 10,19).

6 septembre

Jésus: L'élévation! Voici l'acte solennel de toute la sainte Messe, le plus grand Sacrifice de réconciliation! Qui de vous réussirait à expliquer quel immense prodige il y a là? L'Eucharistie, c'est le Soleil, le Cœur saint, la Grâce. C'est mon témoignage. L'Eucharistie concrétise la fidélité à mes Paroles: «Je serai avec vous pour toujours.» Je suis dans cette demeure, toute de douceur et d'Amour, pétrie par la divine Charité.

7 septembre

Jésus: L'Eucharistie est le feu intérieur au-dedans duquel vit éternellement toute ma substance et brûle sans fin mon Esprit Saint sanctificateur... C'est l'Eucharistie qui, à travers les siècles, rend mon Eglise infaillible et victorieuse. Elle accompagne la Miséricorde et la puissance de cet immense Soleil que je fais luire sur les péchés du monde et qui apporte le repentir! Pourquoi les hommes ne s'émeuvent-ils pas davantage devant une si manifeste splendeur et à l'évocation d'un tel supplice qui s'actualise sans cesse? Il n'existe pas de sacrifice de réconciliation plus grand que celui-là!

8 septembre

Jésus: Vers vous, mes âmes, le cri de douleur qui part de l'arbre de la Croix est dirigé: priez pour les miens, priez pour ceux qui n'ont pas confiance dans la puissance du ministère sacré, qu'ils retournent aux origines du doux appel qu'ils ont reçu et sachent écouter à nouveau le bruit de mes pas et la douceur de mes caresses dans leur cœur!

9 septembre

Jésus: Mes amis, je vous veux tous ensemble en Moi, qui suis l'Arbre de la Vie!... Si vous écoutez ma voix, un jour vous vivrez dans le lieu bienheureux du repos. Toi, génération, pendant des siècles entiers, tu as adoré des dieux sans nombre, tu en as subi la fascination et tu les as servis alors que tu aurais dû me servir. Tu les as adorés et aimés, tandis que Moi, dans les tabernacles du monde, j'avais soif de vos âmes et espérais seulement un regard de vous, une douce parole d'Amour! O mes amis, comment est-il possible que vous vous soyez tant éloignés de Moi?

10 septembre

Jésus: O mes brebis, mes brebis, ne vous éloignez pas de Celui qui vous aime tant, ne désespérez pas. Pour vous qui croyez et vous nourrissez de mon Corps, l'Espérance ne passera pas! Heureuses êtes-vous qui comprenez le bonheur de ma Mère, présente à chaque Saint Sacrifice à côté du prêtre qu'elle protège comme le petit enfant dans le giron maternel et qu'elle soutient dans cette sainte purification qui, par lui et avec ma grâce, se réalise au milieu de mon peuple!...

11 septembre

Jésus: Ma fille, tu es mon agneau sacerdotal. Tu dois immoler ton être pour chacun des prêtres de la terre et sentir dans ta chair la douleur de leur reniement, quand, en se détachant de mes enseignements, bien que restant à l'intérieur de ma Maison, ils se séparent de mon Esprit et suivent l'agent de la damnation, qui suscite en eux l'indifférence envers mon Eucharistie que, parfois, avec une si grande irrévérence, ils réussissent à désacraliser. Mais je suis l'Amour, ma fille. Dieu est Amour et cet Amour est plus haut et plus grand qu'une telle incompréhension et une si haute trahison. Ma fille, j'aime mon Eglise, je l'aime au point d'en mourir chaque jour.

12 septembre

Jésus: Comment s'approcher du banquet céleste? La première chose que je désire est que votre cœur soit propre des souillures du péché, et cela n'est possible qu'avec le sacrement de la confession. Il faut une contrition sincère de tous les péchés commis et de ceux qui se commettront: l'intention du cœur de ne plus les commettre à nouveau et, pour finir, il faut se sentir pardonné par ma Miséricorde.

13 septembre

Jésus: Recevez-moi..., avec tous les honneurs qui me sont dus, et puis donnez-moi un accueil convenable dans votre cœur. Je veux être parmi vous, mais n'oubliez pas que je ne suis pas l'un de vous. Je suis le Dieu incarné et pas un homme qui s'est divinisé. Rappelez-vous qu'un grand nombre de mes Amis ont été jusqu'à donner leur vie pour Moi, inaccessible et intouchable, insondable Eucharistie!

14 septembre

Marie: Refaites le parcours de l'atroce agonie de Jésus dans la nuit de votre humanité pleine de ténèbres et de manque d'amour. Vous verrez souffrir le Christ derrière chaque visage. Vous le verrez battu et couronné d'épines amères et piquantes à cause de l'indifférence et l'égoïsme des hommes. Finalement vous le verrez monter au mont des Douleurs et puis, cloué sur la Croix. Vous le contemplerez qui vous regarde et vous l'entendrez dire: «Tout est accompli!»

15 septembre

Jésus: Mes ministres, amène-les-moi par ton offrande, serre-les sur le Cœur de ma Mère qui se manifeste à toi en ces temps prophétiques, comme la Mère du Sacrifice perpétuel et la Mère de l'éternel Olivier de paix, dispensatrice d'une huile qui est, pour la majeure partie des sacrements, le fortifiant médicinal.

16 septembre

Jésus: Ma fille, si j'étais encore au milieu de vous comme autrefois, je n'aurais pas un comportement différent. Là où ne règnent ni le respect, ni l'amour, ni le pardon, ni la charité, ni l'union, ni la paix, là je n'y suis pas. La prière, même la plus sainte, n'est pas écoutée de mon Cœur.

17 septembre

Marie: Je suis la Reine de l'Huile sainte, c'est pourquoi j'ai voulu vous donner une source d'Huile de l'Onction pérenne. Je désire que vous donniez témoignage des merveilles de mon Fils à ceux que vous rencontrerez et vous verrez encore la gloire du Seigneur tout-puissant. Ne vous découragez pas si vos frères ne répondent pas à mon appel. J'ai besoin par-dessus tout de votre réponse confiante.

18 septembre

Jésus: Allons, courage: la Vierge, ma Mère et votre Mère, vous enseignera comment vivre la souffrance dans la joie de l'Esprit. Demandez-le-lui. Personne n'a été digne de s'appeler Corédemptrice comme elle: Celle qui actualise avec moi la Rédemption!

19 septembre

Marie: Moi, votre Mère, je vous veux tous sauvés! Cherchez à vivre en harmonie avec Dieu et avec la nature parce que, si une seule loi est violée, l'équilibre de l'âme et du corps est rompu, et vous, mes pauvres enfants, vous tomberez entre les mains de mon ennemi.

20 septembre

Jésus: Tous ceux qui aiment doivent souffrir pour m'être semblables et cet Amour qui est dans le cœur se gonflera immédiatement de la puissance de mon Esprit qui, insufflé en chacun, montrera ses prodiges. N'êtes-vous pas heureux que je vous aie choisis pour participer comme intermédiaires à ce plan salvifique?

21 septembre

Jésus: Ne sois pas en peine, celui qui souffre aime. Ça, c'est ma phrase! Pour chaque souffrance d'une âme, il y en a une autre qui se sauve. Voilà pourquoi il a été nécessaire que je m'immole et que je verse jusqu'à la dernière goutte de mon Sang! C'était pour chacune de vos âmes. De l'Arbre, du poteau, de la Croix j'ai vaincu et j'attire tout. Vous aussi, vous êtes destinés à vaincre en souffrant. Satan ne peut rien quand vous acceptez la douleur en me l'offrant.

22 septembre

Marie: Mes enfants, ma présence se fait forte auprès de vous toute comme celle de mon Fils, afin que vous puissiez passer les tribulations avec la sérénité et la paix de Dieu. Continuez de goûter la grâce qui du Cœur de mon Fils descend sur vous avec son parfum affectueux, tendre et doux. Demeurez toujours ainsi auprès de mon Cœur: ne vous éloignez pas de cette couronne de grâce d'où, instant par instant, je vous unis à la fête et au Règne du Ciel.

23 septembre

Marie: Vous êtes tous Miens! Pardonnez-vous et aimez-vous et rompez les chaînes de mon antique persécuteur. Soyez saints dans ces petits instants qui vous unissent aux moments les plus doux et les plus suaves de la vie de Jésus.

24 septembre

Jésus: Mes enfants, je désire que vous laviez vos vêtements à la source de mon Cœur. Faites-les aussi resplendissants que possible! Venez à mon divin Cœur, maintenant que le temps se fait proche.

25 septembre

Marie: Chère fille, commencez sérieusement à vous consacrer à mon Amour maternel, unique salut pour surmonter les graves événements. Je suis ici, à la porte de votre cœur et j'attends celui qui, avec Moi, voudra essuyer les larmes de Jésus. Devenez le linge qui essuie mes larmes amères et cruelles! Redécouvrez mes messages et, comme de braves enfants, persévérez sur le chemin que je vous ai plusieurs fois indiqué: reconstruisons ensemble la dignité de l'homme!

26 septembre

Jésus: Ouvre ton cœur et accueille en toi le Cœur douloureux de ma Mère, lacéré par une génération qui gémit dans les affres du péché, avec la grande blessure qui provient de la conséquence de la faute. Son Cœur immense est divisé par l'épée d'un si grand nombre de rebelles qui s'opposent à mes tendresses, à ma gloire qui attire à elle toute chose!

27 septembre

Marie: Mes enfants, si vous ne me laissez pas tout accomplir, vous tomberez dans le désespoir et vous ne réussirez plus à me retrouver vu qu'il y a tant de ténèbres et de fumée dans le cœur des hommes! Ne laissez pas le Malin vous corrompre et vous attirer à lui par le mépris et le rejet du prochain, parce que si vous lui laissez la place, il vous vaincra et ce sera pour vous la fin de la vie sainte que vous êtes appelés à vivre.

28 septembre

Marie: Mes chers enfants, aujourd'hui, je désire vous inviter à un grand message: la Pénitence. A travers la pénitence, vous trouverez la route déjà illuminée par les pas que mon Fils a déjà faits. Toutes vos demandes sont déposées dans mon Cœur Immaculé. Soyez confiants en lui; elles seront fleuries par le diadème du Roi des rois.

29 septembre

Marie: Mon Cœur Immaculé et la Colombe glorieuse veulent porter dans le monde le Renouveau avec les troupes d'enfants innombrables qui me sont consacrés. Ce dessein d'Amour se réalisera. Ne t'interroge pas encore: accepte la Volonté de l'Amour non aimé.

30 septembre

Jésus: Aime, aime, comme j'aime et je pardonne, Moi qui suis la douleur vivante, le seul Homme qui ait résisté à tant d'odieux supplices, sans jamais recourir à la Puissance divine. J'ai eu un amour tel que je n'ai jamais désiré que toute cette douleur me soit enlevée, ni qu'elle soit enlevée à ma sainte Mère qui ne s'est pas épargnée dans le don d'elle-même.

Octobre

1er octobre

Marie: Mes enfants, Jésus m'a placée comme un arc-en-ciel entre la terre et le Ciel et je garderai toujours vive ma protection sur vous. Fils, la chaîne unique qui nous unit, c'est le saint Rosaire. Si vous priez ensemble, nous réussirons à apaiser la colère de Dieu et à changer tels châtiments en temps de grande sainteté.

2 octobre

L'ange: Loue le Seigneur pour la protection que nous, les anges de Dieu avons sur vous, qui nous oubliez toujours et que vous considérez d'importance secondaire! Si les hommes savaient combien de grâces spirituelles ils perdent en négligeant la prière à l'ange gardien qui toute la vie travaille silencieusement et qu'on néglige ou même oublie.

3 octobre

Marie: Aujourd'hui, moi, Marie pèlerine, je viens pour vous dire: Priez infiniment parce que votre Maman pleure. Mes enfants, le Seigneur votre Dieu est très offensé:

il n'y a plus d'amour ni de charité. Vous devez vous rendre compte que les jours du grand Avent s'approchent, mais tels des sourds, vous n'acceptez pas les invitations que vous propose mon Cœur Immaculé. La lumière de vos flambeaux me plaît beaucoup, mais je désire des «flambeaux d'amour».

4 octobre

Marie: Chers jeunes, faites comme François qui tout jeune s'est décidé entièrement pour Dieu. Suivez-moi, sur les routes du monde, sans chaussures, avec le Rosaire dans la main et la prière de saint François dans le cœur. Bien-aimés, comme mon Cœur palpite quand il vous voit décidés à consacrer votre cœur!

5 octobre

Jésus: Pourquoi permets-tu que ton âme soit triste? Ne laisse pas ton esprit se perdre avec les opinions. Aime-moi, te donnant sans limites. Ne t'ai-je pas demandé de tout laisser? La première chose que tu abandonneras ce sera ta volonté, n'acceptant que la mienne qui est divine et suprême. Je suis le Seigneur ton Dieu et moi, ma fille, je ne t'abandonnerai jamais.

6 octobre

Jésus: Ne craignez jamais les jugements humains et ceux qui diffament continuellement leur prochain. Celui qui est la Sagesse sait bien comment vous accueillir. Il vous rendra vraiment ce qui est à vous (ce qui vous appartient). Pour Lui, soyez de bons enfants dignes de

Celui qui est votre Père, qui sait ce dont vous avez besoin avant même que vous gémissiez.

7 octobre

Marie: Chers enfants, à travers le Rosaire, vous serez plus proches des souffrances de mon Fils. Si ces prières sont dites avec le cœur, beaucoup d'épines seront enlevées du noble Cœur de Jésus.

8 octobre

Marie: Si vous saviez combien mon amour est grand pour chacun d'entre vous! Pour vous, il y a une grande espérance, pour vous qui avez le désir de vous améliorer. Tant de mauvais exemples vous portent à l'affliction, mais vous, restez à mes pieds pour recevoir la paix, la sérénité et une sérieuse conversion. Mes enfants, en ces jours, je désire que vous fassiez trésor de chaque minute pour faire des actes de charité qui vous feront avoir tant et tant de bénédictions. Ne jetez pas les dons de la Providence. Faites pénitence et offrez-la à mon Cœur.

9 octobre

Jésus: Parce qu'en vous il y a beaucoup de confusions à ce sujet, je désire souligner qu'avoir le cœur exempt de mauvaises pensées et de mauvais désirs, c'est une conquête de ceux qui sont doux… Dieu se fera voir au cœur pur.

10 octobre

Jésus: Quand ils vous accuseront faussement, avec des témoins à leur solde, n'ouvrez pas même la bouche, attendez qu'en temps utile j'ouvre la mienne et que je prononce une parole, une seule mais définitive. Laissez-moi vous dire que vous serez heureux si vous êtes de leur nombre, parce que votre nom sera grand au Ciel comme sur la terre. Demeurez forts, raffermis par ces paroles. Alors vous comprendrez mieux.

11 octobre

Jésus: Je veux t'indiquer un modèle et saint exemple: mon cousin (Jean-Baptiste). Depuis le premier homme jusqu'à lui, personne ne l'a jamais dépassé. Homme plein de véhémence, rempli de la crainte de Dieu, mon précurseur, celui qui par sa naissance a réjoui la stérile Elisabeth. Lorsqu'il baptisait, par ses paroles, il frappait plus qu'un bâton les pécheurs et les esprits estropiés. Il a si bien su intérioriser la prière et la pénitence qu'elles ont épousé son cœur.

12 octobre

Marie: Mes enfants, tous vos cœurs sont déposés dans mon Cœur Immaculé, et à travers votre consécration, vous me sentirez et vous me verrez opérer dans vos familles.

13 octobre

Marie: Je suis avec vous surtout quand vous allez tomber et je vous soutiens, mais si vous tombez n'ayez crainte car mon Rosaire vous sauvera. Je vous regarde un par un et je souris sur vos petits efforts de chaque jour. Soyez bons, mes enfants, et soyez artisans de paix.

14 octobre

Marie: La paix reviendra, également dans chaque famille. Mais je veux vous rappeler l'importance que revêt la réflexion, pour la foi de chaque chrétien. Il n'y a pas de foi sans méditation, ni filiation divine sans regarder Celui qui peu à peu a créé. Remplissez-vous de paix et évitez la discorde.

15 octobre

Jésus: Ma petite, regarde mes Plaies. Aujourd'hui, elles triomphent. Le jour de la glorieuse victoire pénètre les cavernes impénétrables du monde dans le péché. Je renouvelle mon Amour avec l'engagement de mon Sang et de ma gloire, qui est et sera la vôtre si vous recouvrez la pureté antique, telle celle du corps virginal d'un petit enfant qui aime avec joie et accueille avec bonté.

16 octobre

Marie: Laissez vos cœurs s'ouvrir pour que je puisse entrer. Comme un feu, je désire brûler vos âmes d'amour pour mon Jésus. Reconnaissez, mes enfants, les temps où nous allons entrer; je ne vous demande donc rien d'autre qu'un peu de réflexion. Vous réfléchissez peu. Faites que la Colombe d'Amour laisse son empreinte en passant sur vous. Mes enfants, vous êtes le grand projet de Dieu. Voyez comme mon triomphe approche.

17 octobre

Jésus: Je te dis que la mission la plus sublime, le sacerdoce, refleurira plus beau et plus neuf. Peux-tu me glorifier en priant pour ce dessein d'Amour que je garde dans mon Sacré-Cœur, afin que la création s'améliore et se sente aimée, de Moi, du Père et de l'Esprit-Saint.

18 octobre

Jésus: Ouvre ton cœur et respire déjà ma victoire sur les forces ennemies qui s'aligneront ouvertement contre le sacerdoce, en copiant grossièrement chaque appel extérieur pour crier en faveur d'une bataille qui est déjà perdue. Mon Corps et mon Sang interdisent que cela arrive. Votre collaboration, mes instruments, en modérera la violence.

19 octobre

Jésus: Demeurez unis grâce à mon Corps et à mon Sang. Faites communion pour être vraiment en moi! Ne vous faites pas télécommander par Satan qui veut à tout prix détruire l'humanité. Beaucoup m'attendent, et moi, entrant en eux par mon Corps et mon Sang, je grandirai dans leur cœur. Prends et fais aussi communion avec moi. Quelles hauteurs vous rejoignez en ayant la volonté de me recevoir!

20 octobre

Marie: Mes enfants, il est très important que vous compreniez le sens de l'Eucharistie que beaucoup, aujourd'hui, hélas, considèrent comme un simple petit morceau de pain. Je veux aussi vous parler de mes apparitions, motifs de discorde dans l'Eglise. Elles sont importantes pour les brebis égarées. En tous les lieux où je me présente, je dépoussière les âmes et je les renouvelle par la rencontre avec mon Fils.

21 octobre

Jésus: Ne fermez pas vos portes. Je frappe. Bientôt vous entendrez le battement de la cloche en fête, mais malheur à ceux qui, bien qu'ils m'aient ouvert une première fois, rompent mon divin silence par leurs secs «non»! Rien ne peut arrêter mon Amour et ensuite personne ne pourra plus intercéder pour eux.

22 octobre

Jésus: O création, tu te complais dans une continuelle sodomie. Je suis en train de t'en avertir! Bientôt, ce halètement révélateur cessera et tu te sentiras seule et désespérée et alors peut-être comprendras-tu tout ce dont tu t'es privée. Je continue à mouvoir mon Esprit, comme une énorme voile qui sillonne les océans, parce que mon Cœur, bouillonnant de Sang et assoiffé, désire le salut pour vous tous.

23 octobre

Marie: J'accorderai (les grâces) par l'opération du Saint-Esprit, mais beaucoup ne témoignent pas et ne reconnaissent pas les actions de la grâce en eux et ainsi leur cœur se dessèche toujours plus. Faites d'abord que vos cœurs soient libérés de toute préoccupation puis, qu'ils soient adonnés à la prière, en sorte que je puisse agir, et librement. Je demande seulement que vous commenciez à vous abandonner à Dieu sans réserve, en disant:

A Toi, Père, à Toi, mon Dieu, mon unique désir. A Toi et pour Toi, chacun de mes actes de volonté!

24 octobre

Jésus: Qu'est-ce qui t'empêche de mettre ton petit cœur dans Celui qui est grand et profond, abîme d'amertume, d'outrages, mais si ardent et prompt à donner et à donner toujours sans mesure, sans limites. Aucun scandale n'arrête cette inépuisable Puissance d'Amour qui ne sait pas s'épargner. Regarde et parle encore au monde de la Source inépuisable de Pitié et de Miséricorde, à laquelle j'appelle l'humanité entière à chaque battement de Cœur.

25 octobre

Marie: Vous êtes tous dans mon amour et, les mains jointes, chaque heure j'intercède pour vous auprès de Dieu, afin qu'il vous donne la consolation d'une vie meilleure. Mais, mes enfants, si vous ne renoncez pas à tout ce qui est matériel, vous n'aurez jamais la force de comprendre ce que je vous dis chaque mois

26 octobre

Marie: Fille très chère, Moi, la Mère de la Paix, ce soir je désire recommander la prière comme pain de vie quotidien. Le monde est en train de se perdre et il fonce sans retenue vers son autodestruction. Satan entraîne de plus en plus d'étoiles avec la queue de son astuce et de sa perfidie.

27 octobre

Jésus: Ma fille, moi, l'Ami des amis, je viens encore vous visiter, mais vous, que faites-vous pour moi? Je suis venu pour rétablir l'Amour dans le cœur des hommes, pour enseigner les bons sentiments, pour vous faire reprendre cette Voie maîtresse que vous ne trouvez plus. Et vous? Vous vous moquez de moi et n'accueillez pas mes saintes Paroles. Vous préférez les paroles douces du Trompeur inique.

28 octobre

Jésus: Que celui qui m'aime dépasse toute rancœur et fasse communion avec moi, dans ma Maison, à travers mes ministres qui sont, au pied de mon saint Autel, les canaux de la grâce, et ils le sont vraiment en toutes choses.

29 octobre

Marie: Mes enfants, ne permettez pas que le Malin vous éloigne de mes bénédictions, dont je comble non seulement mes enfants, parfois persécutés et maltraités à cause de Moi, mais aussi tous ceux qui en ont leur part. Que personne ne vous empêche de venir dans les endroits où Jésus, mon Fils et Fils de l'Eternel, m'envoie. Priez maintenant avec moi pour les besoins des pèlerins qui, pour me rendre un hommage agréable, sont venus de pays lointains.

30 octobre

Marie: Mes enfants, je vous invite à considérer de nouveau les messages que je vous ai donnés précédemment. Vous demandez toujours, mais vous oubliez que je vous ai déjà donné la Voie claire pour arriver à la Paix de Dieu. Je ne désire pas vous parler d'autre fin tant que vous ne reprendrez pas la méditation de mes paroles et que vous ne les mettrez pas en pratique.

31 octobre

Jésus: La douleur de ma Sainte Mère pour cette humanité dégénérée et profanatrice est sans comparaison. Aime-la, ma Très Sainte et aimable Colombe, remplie de mon Esprit, chair de ma Chair, sang de mon Sang; et promets-moi que tu la feras aimer. Je veux que sa gloire soit connue de tous. Marie, elle est mon second Cœur ardent: comprenez-la! Sachez-le, vous les prêtres et les consacrés, le Rosaire est la prière que, dans l'adoration, j'apprécie le plus. Il vous sanctifie et vous fait réfléchir, en vous plongeant dans le miracle le plus grand: mon Amour et celui de ma Mère.

Novembre

1er novembre

Jésus: Ma fille comment pourrais-tu penser que je vis dans le Règne bienheureux, en vous oubliant tous!... Je désire que mes enfants me sentent proche d'eux et qu'ils puissent dépasser les temps de l'Apostasie avec foi et courage pour ensuite venir faire la fête avec moi et partager la gloire du Règne de mon Père. Ne vous ai-je pas dit: «La Maison de mon Père est faite de nombreuses demeures?». Oui, mes chers, mes amours, quelle souffrance j'éprouve de vous voir réduits à une telle mort, mes agneaux, que vous vous êtes procurée!

2 novembre

Marie: Chers enfants, avant votre mort, je désire vous dire qu'un seul jour de péché sur la terre fait mille années de peines douloureuses au purgatoire[1]. Je veux vous éviter tout cela et je viens chez vous pour vous apporter paix, amour et salut. Je suis bien satisfaite de vos prières.

1. Car mille ans sont à tes yeux comme le jour d'hier qui passe, comme une veille dans la nuit (Ps 90,4).

Comme chaque jeudi, continuez vos louanges au Seigneur Dieu, tellement offensé par les péchés continuels des hommes.

3 novembre

Jésus: J'ai dit et je dis: Bienheureux celui qui saura être pauvre en esprit, détaché de ce qui est «monde» et le cœur proche du Ciel, parce qu'il réussira à en voir la splendeur et la gloire qui ne périt pas.

4 novembre

Jésus: J'ai dit et je dis: Bienheureux celui qui saura être docile dans les difficultés de la vie, en comprenant que la vraie victoire ne se trouve pas dans l'agitation, dans la colère, l'arrogance, ni dans la domination du cœur de l'autre pour satisfaire sa propre volonté, ou pour l'emporter sur lui et se procurer de vains consentements. Bienheureux, oui, parce que sa douceur lui permettra d'accueillir ma Sagesse et elle vivra en lui comme un petit enfant dans le sein maternel. Et il aura la terre en héritage...

5 novembre

Jésus: Bienheureux celui qui, affligé et désespéré, espérera seulement l'aide de Dieu et saura attendre patiemment de recevoir sa juste consolation. Je vous dis que je suis le Crucifié par Amour et non de façon forcée et qui, ayant souffert peut tout comprendre de vous, même si ce tout est si limité à votre petitesse. Donc, celui-là, en devenant l'ami de Dieu, du Souverain Bien, recevra paix et consolations. Je vous parle à vous, vous qui récusez la moindre miette de souffrance. Commencez à dire: *«Mon Seigneur et mon Dieu, au jour de l'angoisse, j'élève vers toi mon cri et tu me sauveras!»* Quand vos yeux se rempliront de larmes amères, tournez les yeux avec espérance vers Moi et vers mon Père et vous serez vite libérés. Je parle d'une libération définitive et éternelle!

6 novembre

Jésus: Bienheureux celui qui aura davantage faim et soif de la Justice divine que de la nourriture quotidienne, parce que la Justice du Père Lui-même le rassasiera en temps voulu. Justice, non pas comme le monde la donne, limitée et pas entièrement donnée, mais Justice immortelle et désaltérante selon votre pure exigence de l'âme et non du corps. Elle sera grande, multipliée par cent et elle procurera une couronne de gloire à l'égal de celle des martyrs à tous ceux qui remettront leur cause entre les mains de Celui qui est la Justice suprême.

7 novembre

Jésus: Bienheureux ceux qui seront miséricordieux envers leur prochain, prêt à donner ce dont tous ont besoin, mais trois fois bienheureux ceux qui avec miséricorde se tourneront vers ceux qui sont durs de cœur, ceux qui sont loin de Dieu, ceux qui par manque d'amour sont desséchés comme les plantes du désert. Bienheureux, oui, bienheureux, parce qu'ils seront recouverts de la même miséricorde, tel un baume sur le corps d'un mort.

8 novembre

Jésus: Bienheureux celui qui ayant reçu davantage saura en faire profiter les autres. Bienheureux parce que le regard de Dieu le protégera dans l'épreuve, je vous le répète, fils de cette société égarée et sans pitié, parce que souvent vous vous lamentez de moissonner un fruit de désolation. Cherchez à faire ce que je vous ai dit et tous vos péchés seront brûlés dans le feu dévorant de la Miséricorde. Soyez miséricordieux avec tous et spécialement avec vos voisins et vous pourrez vous attendre à recevoir Miséricorde.

9 novembre

Jésus: Bienheureux celui qui gardera son cœur dans un havre de pureté: un cœur pur dans une chair pure. Je fais allusion à une chair pure, mais je ne désire pas que vous compreniez que la finalité de mon message se situe exclusivement dans la chair. Avoir le cœur pur, c'est être déjà avec Dieu. Celui qui garde une telle pureté ne peut pas ne pas être remarqué: il sait voir toute chose sous une lumière différente parce que c'est le pardon qui éclaire ses choix et ses attitudes.

10 novembre

Jésus: Bienheureux celui qui, rempli de paix, agit en paix et pour la paix. Le Père est Paix et quiconque sera à son service pourra donc être appelé fils de Dieu, du Dieu de Paix.

11 novembre

Jésus: Bienheureuse la créature qui avalera des larmes de persécution à cause de la Justice, parce qu'elle sera témoin au tribunal de la gloire... Bienheureux serez-vous quand ils vous mépriseront, vous couvriront la face et le nom d'insultes et de calomnies, qu'ils vous donneront en pâture aux vautours pour l'amour de mon Nom, parce que, je vous le dis, du gibet de ma Croix, je vous élèverai tellement que personne ne pourra jamais réussir à comprendre ce qui vous arrive et pourquoi vous êtes comblés de mes faveurs spéciales.

12 novembre

Jésus: Je sais que je te fais souffrir en te parlant de cela, mais je te dis que la terre sera enveloppée de tant de fléaux qui deviendront si épouvantables que personne ne pourra les arrêter. Les méchancetés des peuples ont blessé mon Cœur d'une morsure terrifiante, afin que je ne puisse plus émettre mon cri de justice, mais je vous ai dit: «Finalement, les pierres témoigneront de Moi». Le lit qu'ils me préparent est mort et glace et donc je ne poserai jamais plus ma tête fatiguée sur leurs épaules. Le temps presse; mon message aussi...

13 novembre

Marie: Je désire que vous demandiez pardon à Dieu pour toutes les offenses que vous et les autres qui sont aussi mes fils, avez causées. Je vous appelle pour essuyer mes larmes avec une part de votre cœur, petite, mais si importante pour le Cœur du Père... Mes enfants, je vous invite à être plus fervents.

14 novembre

Marie: Je vous donne la force en vous indiquant un chemin qui n'est pas toujours réellement suivi. Je vous dis donc que vous aurez le salut et la joie d'être exaucés dans les prières et dans votre corps, mais tout cela pas avant que vous n'obéissiez à tous les appels que je vous ai donnés.

15 novembre

Marie: Considérez aujourd'hui la souffrance comme une bénédiction, comme le passage nécessaire pour votre salut et votre conversion. Mon Fils souffre pour les péchés répétés de cette génération sans Dieu et sans valeurs et il se tourne vers vous pour que vous le consoliez de votre amour.

16 novembre

Jésus: Je n'ai jamais comme actuellement déversé sur le monde tant de Gloire, de Lumière, de Sagesse. Jamais comme maintenant, l'homme n'a été enrichi par mon Cœur de tels dons divins et jamais comme maintenant mon Esprit n'a été nié avec autant de férocité!

17 novembre

Jésus: C'est la Vérité. Le temps arrive à son terme et le mal sera bientôt circonscrit à travers le triomphe de la divine Eucharistie. Mais pour le moment je vais façonner des âmes qui feront revivre les autres, parce que mon troupeau n'est pas encore prêt.

18 novembre

Jésus: Ouvrez votre cœur et affrontez la vie en la transformant, en acceptant ce que vous avez vous-même gagné par votre conduite inique. Je suis à la porte et j'arrive aussi pour ceux qui ne m'attendent pas. Je t'avertis, mon âme, pour que ta prière unie à celle de ma Sainte Mère hâte ce Retour qui ne sera pas encore celui du Jugement.

19 novembre

Jésus: O vous, quand changerez-vous de conduite ? Quand cesserez-vous de juger selon votre pensée? Etes-vous saints peut-être, ou nés directement de la Sagesse? Arrêtez de faire tant de mauvaises choses avant que je ne vous en demande compte. Chaque parole est consignée dans le Livre que seul j'ouvrirai par le pouvoir que mon Père m'a concédé. Je vous le dis: Ce ne sont pas seulement les paroles qui sont imprimées!

20 novembre

Marie: Purifiez-vous, mes enfants, Jésus ne tardera pas à venir et alors vous serez prêts pour la rencontre avec votre Roi. Je vous prépare et vous, obéissants, acceptez les épreuves que le Seigneur voudra vous envoyer en sorte que vous soyez en parfaite communion avec la prière de mon Fils: *«Père, me voici pour faire ta Volonté!»*

21 novembre

Jésus: Les rues de vos cités débordent d'esprits immondes et, avec beaucoup de plaisir, ils m'arrachent les âmes qui consentent à leur entrée. Cette génération est empoisonnée jusqu'aux os. Le crime, c'est la loi qui réordonne tout. Maintenant plus que jamais, adore mon Saint Corps, afin qu'il puisse resplendir de toute sa terrible beauté sur toute l'humanité et déloger de chez elle les ennemis insidieux.

22 novembre

Jésus: Mon âme, apprends à mourir à toi-même et souviens-toi que je t'aime, non pour ce que tu es, mais pour ta nullité. Tu n'es rien, et rien de ce qui vient de toi ne me donnerait consolation si je ne l'avais décidé dans mon grand amour. Je suis l'Amour non aimé et comme je voudrais que le temps soit scandé par votre oblation!

23 novembre

Marie: Mes enfants, Jésus a un grand projet sur vous. Et je voudrais tant que vous l'accueilliez avec docilité. Je porterai vos âmes devant le Saint Trône et vous présenterai comme les miens. Accueillez, accueillez Jésus dans votre vie et vous n'aurez pas de plus grande joie au cœur que sa divine Présence.

24 novembre

Marie: Ma fille, les âmes sont malades; mais le vrai remède, c'est l'Eucharistie. Les hommes n'aiment pas les sacrements, mais c'est uniquement en eux qu'est la Vie, la Vérité, le Salut. Maintenant, prie et adore.

25 novembre

Jésus: Je suis ton Arbre feuillu où tu te restaures et reprends souffle. Mets-toi sous ma Miséricorde et permets-moi de travailler avec mon Saint-Esprit qui entre en toi. Donne-moi plus de temps. Dédie-moi davantage d'heures. Que notre dialogue soit prière.

26 novembre

Jésus: Lève-toi, je suis le Pasteur et toi ma brebis! Mets-toi à l'écoute. Je t'appelle avec tout mon saint Corps, Sang, Ame et Divinité: Je suis Jésus-Eucharistie. O ma fille, je veux me révéler à toi: je le veux de tout mon amour et toi, laisse-toi travailler, petite âme. Je demeure en toi, dans ta bonne foi, dans ton courageux ouvrage, dans la lumière que tu offres aux âmes que je t'envoie moi-même...

27 novembre

Marie: Préparez et préparez-vous pour le Règne glorieux du Père qui vient à votre rencontre. Ah, mes enfants, combien se perdent parce qu'ils n'ont pas prêté l'oreille à mes aimables appels. Continuez donc à prier comme Jésus vous enseignait, parce que les fautes graves éloignent le regard de Dieu de vous.

28 novembre

Jésus: Ma chère enfant, j'attends tes prières! Je les désire de tout mon Cœur de Père et d'Epoux. Donne-moi encore du temps et tu verras qu'à travers toi, j'agirai dans les cœurs. Mais il me faut tellement ta persévérance et souffrance silencieuse, pour que moi, l'Amen, je puisse réaliser le grand projet de l'Amour.

29 novembre

Jésus: Ne craignez pas, ne crains pas, puisque ce n'est pas toi qui agis ou agiras, mais ma Main puissante et opérante. Je susciterai la nouvelle Pentecôte dans mon Eglise et vous regarderez le mal de loin, parce que le Cultivateur suprême aura irrigué le désert.

30 novembre

Marie: Mes enfants, je suis la Vierge de l'Eucharistie! Si vous m'offrez votre cœur et me permettez de régner dans votre famille avec les titres qu'ici j'ai révélés, j'entrerai en vous et formerai en vos âmes un tabernacle où mon Fils pourra reposer.

Décembre

1er décembre

Marie: Soyez bons, mes enfants, et priez! Ne vous laissez pas emporter par ceux qui font de la science une arme de perdition et de blasphème contre les merveilles de mon Fils unique. Ayez la foi des petits et je continuerai à vous donner grâce sur grâce. Je suis la Mère de la Miséricorde et je désire vous bénir, en vous invitant à vous préparer à ce Noël avec un cœur rempli d'humilité et d'amour. Faites naître mon Enfant Jésus sur le péché du monde: il attend de pouvoir triompher à travers vous.

2 décembre

Jésus: Offre-moi au Père et par mes mérites qui ne cesseront jamais, il t'écoutera. Ecris:

Père Eternel et saint, sublime Esprit de charité,
daigne accepter comme une offrande solennelle
l'amour, les plaies, le supplice,
la peur de la mort, l'abandon, la trahison,
l'âme et le corps de ton Fils unique
et bien-aimé Jésus,

pour sauver, justifier et absoudre
ta progéniture humaine.
Je te glorifie, adorant le Nom du Père,
du Fils et du Saint-Esprit. Amen.

3 décembre

Marie: Je vous appelle à immoler vos cœurs, vous les jeunes, pour la paix: dans mon projet, il y aura des fleurs mystiques du jardin du Seigneur. Mais priez, mes enfants, priez et adorez le T. S. Corps de mon Fils, sans penser aux problèmes ou aux obstacles de la vie. Je suis votre Mère et je désire votre salut.

4 décembre

Marie: Si vous ne priez pas, beaucoup se perdront, et d'autres abandonneront même leur vie en se suicidant. Votre prière, jointe à celles d'autres que j'ai préparés depuis longtemps, sauvera le monde. Mais il est nécessaire que vous compreniez l'importance de vous mettre en prière et de sauver les âmes, surtout celles que vous ne connaissez pas. Que ce soit une prière faite avec le cœur et je vous promets d'intercéder plus rapidement.

5 décembre

Jésus: Ma fille, patiente, patiente encore un peu et supporte en déposant chaque chose dans mes mains. Ne t'afflige pas. Lui te frappe et moi je te guéris avec l'onguent de mon Amour profond et mystérieux pour les hommes. Ne donne pas prise à l'ennemi. Ne permets pas qu'il te décourage. Laisse-le parsemer ses ruines. Entre en moi et tu ne t'effondreras pas.

6 décembre

Marie: Mes enfants, aimez la Sainte Eucharistie, en la défendant contre toute attaque. Soyez proches de mon Eglise, et de mes prêtres et de mes consacrés, surtout de ceux qui vivent l'épreuve de l'incompréhension. Mon Cœur saigne pour eux quand je les vois persécutés et martyrisés de corps et d'esprit. Je vous les confie, ainsi qu'à tous ceux qui sont de vrais chrétiens et mes apôtres.

7 décembre

Marie: Mes enfants, Dieu est fidèle à ses promesses. Si vous ne les tenez pas, ne vous en prenez pas à lui. J'envoie sur vous une incessante pluie de grâces, et bienheureux celui qui les accueille avec un cœur pur. Priez parce que vous n'avez pas encore compris que la signification de la prière est contenue dans la constance, dans le fait de maintenir à travers le temps la volonté de faire.

8 décembre

Marie: Je me manifeste les mains jointes et les yeux tournés vers le Ciel, afin que tous vous puissiez méditer comment le Seigneur s'est servi de Moi, la plus petite de toutes les créatures. Par «toucher» divin, il m'a rendue immaculée, pour préparer le giron à mon Jésus immaculé.

9 décembre

Jésus: Ma fille, nous sommes surtout venus, la Maman et Moi, pour te protéger. Et comme un papa et une maman n'abandonnent pas leur propre enfant qui entre dans la vie, de même nous, nous ne t'abandonnerons pas.

10 décembre

Jésus: Arrêtez-vous pour contempler ma Providence exprimée à travers mon instrument voulu ainsi souffrant, afin que vous soyez plus décidés et convaincus dans la foi, en la témoignant au monde avec courage, comme le firent mes Douze autrefois.

11 décembre

Marie: Mes enfants, en ces jours de grâce, j'ai voulu prier avec vous pour tous mes fils qui abandonnent le chemin tracé par mon Fils Jésus. Cela arrive parce que ces âmes, durant leur brève expérience chrétienne, perdent ce qui devrait être la lumière constante: l'humilité.

12 décembre

Jésus: Je veux l'union complète, la fusion. Permettez-moi de vous dire que vous n'avez pas encore compris! Je suis le Saint Compagnon qui s'incline sur toute l'humanité et l'embrasse, mais les hommes demeurent impassibles en choisissant de jeûner du Pain eucharistique.

13 décembre

Jésus: Je vous appelle tous, mes amis, tous indistinctement. Bienheureux seront ceux qui me reconnaîtront dans toute ma plénitude. Je ne vous priverai de rien si vous parcourez la Lumière de l'Unité avec nos deux Saints Cœurs, comme je vous ai demandé de le faire. Là, vous trouverez le pardon et l'accueil dans la Vérité!

14 décembre

Jésus: Moi, l'Alpha et l'Oméga, par mon Sacrifice (eucharistique) dans mon Sanctuaire, je serai encore clément et compatissant envers les hommes qui sauront se guider vers la Belle Porte ouverte qui est la Haute Porte: ma Très Sainte Mère. Ma Maman est la réalisation d'un nouvel esprit d'évangélisation que je fais venir dans le monde du haut de ma Cour céleste. C'est elle que j'envoie vers vous pour que vous puissiez partager la gloire qu'elle a conquise par la merveilleuse adhésion à l'appel à devenir corédemptrice.

15 décembre

Marie: Ma fille, les temps futurs ne donneront pas beaucoup de fruits d'amour. Mais avec le chapelet à la main, tout se transformera. Pour cela je vous demande de vivre avec moi ces derniers jours de l'année avec beaucoup de prière et d'esprit de réparation.

16 décembre

Jésus: Mes amis, le très grand silence que j'ai mis dans mon Eucharistie c'est un grand don de ma Miséricorde, afin que vous vous exerciez à faire vibrer votre cœur pour moi, Epoux mystique.

17 décembre

Marie: Les temps arrivent désormais à leur accomplissement et le monde n'a pas encore compris l'importance de rétablir le culte eucharistique, comme centre de la vie des hommes. Je vous apporte Jésus-Eucharistie, Amour non aimé. Vous, ouvrez votre cœur et accueillez-le!

18 décembre

Marie: Mes enfants, le Seigneur veut que son peuple revienne à son Fils par Moi, comme il est venu par Moi. Moi, j'ai ouvert mon Cœur pour vous. Ne laissez pas passer le temps sans la grâce de l'Eucharistie

19 décembre

Marie: Sois toujours docile et humble devant la sainte Volonté et chaque fois que tu auras de petites peines de cœur, prie le Seigneur ainsi: *Père, je m'en remets à ta divine Volonté!*

20 décembre

Marie: Regarde le paradis qui t'attend. Admire la gloire de la Maison du Père et ne t'offusque pas de la beauté de l'éternité avec des sentiments de peine, d'affliction, de tourment. Regarde ta Maman céleste, éternelle messagère de paix, Myriam!

21 décembre

Jésus: Voilà la vraie maternité d'une femme: se donner à tous sans rien demander, sauver sans rien convoiter en échange, comme une mère avec ses enfants. Ma fille, je suis Ton Père et Ta Mère et tous ceux que j'ai appelés devront être comme Moi.

22 décembre

Jésus: D'en haut je t'ai entendue et je te suis venu en aide amoureusement. Maintenant, va et aide ton Epoux mystique en criant: «Le saint Règne de Dieu arrive! Aplanissez la route de votre cœur, nettoyez-le et espérez, persévérez dans la Foi, dans l'Amour, mais surtout dans la Charité.»

23 décembre

Jésus: Je suis votre Sauveur, Roi de la Révélation, et je suis venu au milieu de vous parce que Dieu vous aime et moi aussi je vous aime, parce que nous sommes Un. Je me suis fait immoler pour vous sur la Croix, parce que poussé par la force de l'Amour, je désirais ardemment vous libérer des énormes péchés qui pèsent sur le monde.

24 décembre

Marie: Voici ta Maman qui apporte le don le plus précieux à l'humanité: mon petit Enfant.

Aujourd'hui, je demande que l'on aime mon petit Jésus, parce que c'est lui l'unique dispensateur de paix et ce monde a besoin de paix. Je vous demande d'intério-riser l'amour que les tendres bras de mon Fils expriment en m'embrassant. Je vous demande de vous préparer avec un cœur ardent d'amour à l'accueillir dans vos cœurs, parce que lui seul peut vous donner ce dont vous avez besoin.

25 décembre

Marie: Voilà que mon Tout-Petit descend au milieu de vous. Gardez ce fruit et soyez émus de compassion. Soyez en adoration devant lui. Soyez comme les mages auprès de lui. Demeurez dans la béatitude, comme nous l'étions, mon époux Joseph et Moi, quand s'accomplit la promesse. Cette nuit sera pour vous la Nouvelle Aube: maintenant tout est plus beau. Portez le germe de la Paix.

26 décembre

Marie: Mes chers, (l'Enfant Jésus) c'est l'Amour qui se donne par amour: entrez dans cette grande attente qui s'accomplit et laissez les portes de vos âmes ouvertes, afin que l'amour puisse entrer et puis naître et vous remplir d'une foi semblable à celle d'un petit enfant. Moi, la Mère de Jésus et votre Mère je vous dis solennellement: aplanissez, nivelez votre cœur et ainsi la divine Créature, mon petit Enfant, vous apportera la fraîcheur d'une foi renouvelée.

27 décembre

Marie: Mes enfants, saints et martyrs, venez avec moi et faites avancer ce divin projet de reconstruction! Je suis, Moi, la Mère de la Paix, Celle qui de la Trinité vous envoie son amour pérenne. Les innombrables épreuves et persécutions ne vous broieront pas, parce que Moi, de ma main, j'arrêterai l'attaque finale. Ayez la paix dans le cœur. Exultez pour ce grand martyre, et puis il y aura un maximum de grâce dans toutes les choses.

28 décembre

Jésus: Est-ce que je pouvais ne pas naître à Bethléem, cité du Pain, qui donna le jour à David, Moi qui suis le Pain de Vie[2]? C'est ici que le monde entendit mon premier gémissement. C'est ici qu'il connut déjà, dès l'enfance, mon Esprit bienveillant qui se contentait de peu. J'ai brillé plus qu'un astre et la pauvreté de la demeure montrait un détachement plus grand, exaltant encore plus mon identité. Ce fut la joie pour les miens et pour ceux qui étaient tout proches, qui sont venus m'adorer et me nourrir: les bergers.

29 décembre

Marie: Mon Fils Jésus est né et je vous l'offre pour ces temps qui vont devenir de plus en plus sombres et de moins en moins remplis de Dieu. C'est un don qui part de mon Cœur pour que vous, peuples de la terre, soyez forts et victorieux, vous qui êtes désormais viciés par la haine et la vengeance. En ces jours de divine Miséricorde, laissez-vous bercer par la suavité des regards du petit Enfant, la très haute Créature de Dieu, à qui toute l'Eglise triomphante adresse la prière: «Sauveur, viens dans le monde!»

---

2. Bethléem: litt. «Maison du pain».

30 décembre

Marie: Ici-bas, pour chacun de nous, est né mon Tout-Petit et, dans l'obscurité, gît le Soleil qui resplendit dans les ténèbres de la plus grande confusion. Adore ce Verbe en Moi, très pure Incarnation, en qui est engendrée la Gloire du Tout-Puissant et qui l'apporte jusqu'à vous avec le T. S. Nom de Jésus, mon Seigneur et Fils. Adore et contemple sa docilité ainsi que son doux et aimable visage qui, par une faveur divine, se laisse découvrir par l'œil humain indiscret.

31 décembre

Marie: Ma fille, vis avec moi ces dernières heures de l'année dans la prière et la réparation! Chère fille, en cette nuit, les prières des justes et des innocents s'élèvent vers Dieu mieux que le parfum de l'encens. En ce moment, mon Jésus est abandonné par ses enfants qui, accaparés à l'excès par les choses matérielles, s'unissent déjà à la grande famille de Satan. Ma fille, quelle tristesse vous a apportée cette année à cause de vos erreurs! Si cette humanité n'accueille pas sérieusement l'appel du Ciel, l'année qui vient et les suivantes seront pires, pleines d'angoisse et de souffrance.

Table des matières

Autres livres disponibles au Parvis

Manduria - Présentation et Messages

«La Sagesse du Dieu Vivant» s'est manifestée dès le printemps 1992 à une adolescente de Manduria, ville située dans le talon de la «botte italienne». Jésus et Marie apparaissent à Debora aujourd'hui encore. Elle porte les stigmates du Seigneur. Ce sont des faits de grande envergure. Les grâces obtenues par l'onction de l'Huile Sainte qui exsude de la statue de la Vierge ne se comptent plus.

par A. Castella et Ch. Parmantier, 272 pages *FF 100.– SFR 25.– FB 630.–*

MANDURIA – Un appel à la réparation eucharistique

L'essentiel à savoir sur Manduria. Cette brochure richement illustrée présente la voyante Debora, les faits, les dévotions et les œuvres. C'est un guide pratique pour le pèlerin.

par Ch. Parmantier, 72 pages *FF 25.– SFR 6.– FB 160.–*

VIDEO: Manduria

Je suis la Vierge de l'Eucharistie

Présentation des faits et des messages de Manduria

VHS PAL/SECAM 60 min. *FF 140.– SFR 35.– FB 900.–*

Image: Manduria

Je suis la Vierge de l'Eucharistie

8 pages couleurs, 9x13 cm (vendues par 20 pces, dès 100 pces 20% de remise, dès 500 pces 30%) *FF 20.– SFR 5.– FB 120.–*

Carte postale (10,5x14,8 cm)

– **«Vierge de l'Eucharistie»** 10 pces: *FF 20.– SFR 5.– FB 120.–*

– **«Larmes de Marie à Manduria»**
10 pces: *FF 20.– SFR 5.– FB 120.–*

– **«Jésus, Roi de la Révélation»**

· **Carte postale** 10 pièces: *FF 20.– SFR 5.– FB 120.–*

· **Image 14,8x21 cm** 1 pièce: *FF 4.– SFR 1.– FB 25.–*

(Dès 100 pces 20% de remise, dès 500 pces 30%)